O Brasil no contexto
1987-2017

A Editora Contexto agradece a colaboração
da Suzano, da Gráfica Paym e de Sergio Kon.

Proibida a reprodução total ou parcial em qualquer mídia
sem a autorização escrita da editora.
Os infratores estão sujeitos às penas da lei.

A Editora não é responsável pelo conteúdo dos capítulos deste livro.
O Organizador e os Autores conhecem os fatos narrados,
pelos quais são responsáveis, assim como se responsabilizam pelos juízos emitidos.

Consulte nosso catálogo completo e últimos lançamentos em **www.editoracontexto.com.br**.

Jaime Pinsky
(organizador)

O Brasil no contexto
1987-2017

Copyright © 2017 do Organizador

Todos os direitos desta edição reservados à
Editora Contexto (Editora Pinsky Ltda.)

Capa e ilustrações
A Máquina de Ideias / Sergio Kon

Diagramação
Gustavo S. Vilas Boas

Preparação de textos
Lilian Aquino

Revisão
Vitória Oliveira Lima

Dados Internacionais de Catalogação na Publicação (CIP)
Andreia de Almeida CRB-8/7889

O Brasil no contexto: 1987-2017 / organizado por Jaime Pinsky ; José de Souza Martins ... [et al.] ; ilustrado por Sergio Kon. – São Paulo : Contexto, 2017.
224 p. : il.

ISBN 978-85-7244-992-2

1. Brasil – Condições sociais 2. Brasil – Política e governo 3. Brasil – Educação 4. Brasil – História I. Título II. Pinsky, Jaime III. Kon, Sergio

17-0218   CDD 320.981

Índice para catálogo sistemático:
1. Brasil – Condições sociais

2017

Editora Contexto
Diretor editorial: *Jaime Pinsky*

Rua Dr. José Elias, 520 – Alto da Lapa
05083-030 – São Paulo – SP
PABX: (11) 3832 5838
contexto@editoracontexto.com.br
www.editoracontexto.com.br

Sumário

TRINTA ANOS DEPOIS   9
Jaime Pinsky

SOCIEDADE BRASILEIRA   19
José de Souza Martins

ALFABETIZAÇÃO E LETRAMENTO   29
Magda Soares

EDUCAÇÃO   39
Nelson Piletti

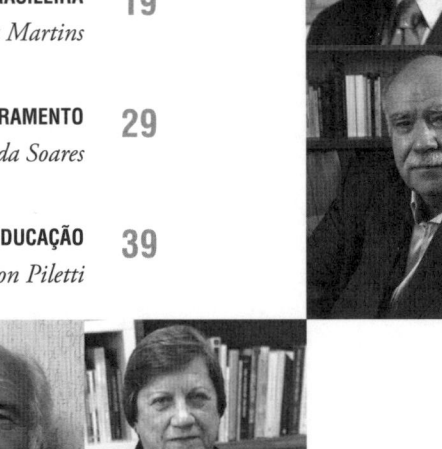

55	**ECONOMIA** *Antonio Corrêa de Lacerda*
69	**JORNALISMO** *Carlos Eduardo Lins da Silva*
81	**NOVAS MÍDIAS** *Arlete Salvador*
89	**FAMÍLIA** *Ana Scott*
111	**MULHERES** *Carla Bassanezi Pinsky* e *Joana Maria Pedro*
123	**NEGROS** *José Rivair Macedo*

VIOLÊNCIA   139
Renato Sérgio de Lima

TRANSFORMAÇÕES DA LÍNGUA   151
Dermeval da Hora e Thaïs Cristófaro Silva

ESPORTE   163
Milton Leite

POLÍTICA EXTERNA   175
Sergio Florencio

O BRASIL VISTO DE FORA   191
Milton Blay

A CONTEXTO E EU   207
Leandro Karnal

OS AUTORES   215

Trinta anos depois

Jaime Pinsky

O tempo histórico sofreu uma acelerada nestes últimos 30 anos. No Brasil e no mundo as mudanças são profundas e estão à vista de todos.

Há 30 anos as pessoas não se correspondiam por e-mail, WhatsApp ou Facebook. Elas simplesmente conversavam sem a intermediação de aparelhos eletrônicos. Telefones (fixos, não havia celulares) eram um luxo, jornais (numerosos) tinham tiragens altíssimas. Liam-se livros inteiros na universidade, e se ostentavam capas como se ostentam iPhones hoje em dia. Livros não eram diagramados no computador comum, como agora, mas por sistemas complexos que tinham a função de substituir a jurássica máquina chamada linotipo (aquela que usava chumbo derretido para gravar as linhas de letras).

Há 30 anos as pessoas se visitavam de corpo presente, não virtualmente e o interurbano era raro e caro, já que não tínhamos ainda o Skype. A sensação de liberdade era recente, o Brasil estava saindo de uma ditadura que escorraçou da vida pública gente que talvez faça falta até hoje na política brasileira. Estávamos nos esforçando para aprender a viver em uma democracia. Estávamos nos esforçando também para superar preconceitos seculares, intolerâncias das quais não temos por que nos orgulhar. A imprensa e os intelectuais, agora livres, percebiam que a gritante desigualdade social brasileira havia engendrado uma elite, com frequência, arrogante e um povo que teve que aprender a ser dissimulado para sobreviver. Isso terá mudado? Trinta anos atrás a escola pública não era universal, embora fosse melhor do que hoje em dia (talvez, exatamente, por não ser universal).

Trinta anos atrás éramos 140 milhões e nesse tempo o país ganhou mais 60 milhões de habitantes. As cidades grandes ficaram imensas, as médias ficaram grandes. Mas não foi um crescimento orgânico, antes um inchaço, um crescimento de periferia sem esgoto, sem hospitais, sem atenção dos poderes públicos. O resultado foi o aumento da violência que assusta parte da classe média e transformou o Brasil em um exportador de mão de obra. Pelo menos já não se cultiva mais o mito de que sempre fomos um povo avesso à violência...

Há 30 anos ainda éramos os bons no futebol (pelo menos assim nos víamos), apenas lamentávamos a derrota de 1950 para os uruguaios; nem sonhávamos com a hecatombe de 2014 diante dos alemães. A partir do futebol, de nossa ginga, de nossos supostos bom caráter, pacifismo e simpatia, tínhamos certeza de que no mundo todo os brasileiros eram amados. Éramos mesmo? Ainda somos?

Trinta anos atrás não se admitia variações na fala do português (que nem era conhecido ainda como português brasileiro), havia apenas o "certo" e o "errado". A verdade da língua era definida por meia dúzia de gramáticos que não queriam saber como falavam milhões de pessoas no Nordeste, no interior de Minas e São Paulo, no Sul do país, em grande parte do território nacional. Trinta anos atrás não se imaginava que empresários destacados e políticos importantes pudessem ser presos e constrangidos a revelar esquemas de propinas envolvendo relevantes figuras da República. Criar dificuldades para vender facilidades era prática rotineira. Beneficiar-se, por ser "amigo do rei", era comum. Isso era nocivo para o país, colaborava com a reprodução da desigualdade, premiava desonestos, impedia a livre concorrência, encarecia artificialmente obras de infraestrutura e os sistemas públicos de educação e saúde. Isto estará mesmo mudando para melhor?

Sim, nosso país e o mundo eram bem diferentes. A economia e a sociedade eram diferentes, as mulheres e as famílias eram diferentes, a música e o jornalismo eram diferentes, a luta pela cidadania era diferente, diferentes eram até o esporte e a língua falada e escrita.

O Brasil melhorou, piorou, ficou na mesma? O que é que almejávamos, o que almejamos agora? Ainda acreditamos no futuro ou nos conformamos com o que somos? O que queríamos, o que conseguimos, o que conquistamos, do que desistimos?

Este livro é um balanço destes últimos 30 anos, a partir de diferentes olhares e de diferentes perspectivas. O que aconteceu com nosso país enquanto a Editora Contexto surgia, lutava para se firmar, ocupava seu terreno passo a passo até se tornar uma importante referência na vida editorial e cultural do Brasil.

Este livro foi escrito exclusivamente por autores da Contexto. Nem podia ser diferente, tal a qualidade de bons autores que temos (assinam livros de nossa editora mais de 1100 escritores, todos eles de alto nível, todos qualificados para falar sobre os temas de sua área). Difícil foi fazer uma seleção, mas aqui estão 17 craques, que reúnem clareza formal e densidade de conteúdo, profundo conhecimento do assunto e originalidade de abordagem. Como a Contexto é uma editora, não um partido político, entendemos como natural que alguns olhares sejam diferentes dos outros. Tomamos a diversidade como uma virtude. Ela permitirá ao leitor uma leitura mais rica.

O livro começa com um texto de José de Souza Martins, sociólogo da USP, que faz a proeza de analisar a evolução da sociedade brasileira nestes últimos 30 anos e coloca nossa Editora... no contexto. Em seguida, a educadora Magda Soares, da UFMG, mostra e discute o que aconteceu neste período na área de alfabetização e letramento, enquanto o historiador e educador Nelson Piletti, da USP, analisa a educação, e o economista Antonio Corrêa de Lacerda, da PUC-SP, discorre sobre as transformações econômicas pelas quais o Brasil tem passado. Já o jornalista e professor Carlos Eduardo Lins da Silva, do Grupo de Análise de Conjuntura Internacional, da USP, estuda a saga dos jornais e revistas nestas três décadas e a também jornalista Arlete Salvador fala sobre as novas mídias que surgiram no período.

O que aconteceu com a família brasileira é o tema da historiadora Ana Scott, do NEPO, Unicamp, enquanto que as mulheres são abordadas pela dupla das também historiadoras

Carla Bassanezi Pinsky, doutora pela Unicamp, e Joana Maria Pedro, da UFSC. Os negros são o tema do professor e historiador José Rivair Macedo, da UFRGS, e a violência está sendo tratada pelo sociólogo Renato Sérgio de Lima, da FGV.

As transformações ocorridas em nossa língua foram abordadas pelos linguistas Dermeval da Hora, da UFPb e Thaïs Cristófaro Silva, da UFMG. No esporte, pelo jornalista e narrador Milton Leite, da GloboNews.

A política externa brasileira nestes conturbados 30 anos foi analisada pelo embaixador Sergio Florencio, do Itamaraty, e o jornalista Milton Blay do Grupo Bandeirantes nos fala, diretamente de Paris, onde reside, como o Brasil é visto de fora.

Faltava alguém dizer como se estabelece uma relação entre autor e editora nestes tempos de mudanças rápidas. Para isso foi escalado o historiador Leandro Karnal, da Unicamp, que escreveu um texto intenso e pessoal.

*

A Editora Contexto tem uma história e muitas histórias. Ela surgiu em 1987, como resultado de um projeto que desenvolvi a partir de conversas com um grupo de professores da Unicamp e da USP. O objetivo era criar uma empresa que aliasse compromisso com o conhecimento e agilidade operacional. A ideia não era apenas sonhar, mas colocar os sonhos para funcionar. Parte dos colegas tinha fundado comigo a Editora da Unicamp, que eu havia dirigido por quatro anos. Em paralelo com minha carreira acadêmica eu tinha tido experiência como consultor, editor e coordenador de coleções em diversas editoras. Achava chegado o momento de tocar um projeto próprio visando à circulação do saber.

O entusiasmo dos colegas foi tanto que chegamos a cogitar abrir uma cooperativa editorial. Faltou, contudo, no dizer de um deles, "espírito empreendedor", coragem para o risco. Todos se ofereciam para propor títulos, dar sugestões, avaliar originais, mas não entrar como sócios de uma empreitada de risco. Não desanimei. Nome eu já tinha: *Contexto*, em homenagem à revista de Ciências Sociais de mesmo nome, sucessora de *Debate & Crítica*, que, nos anos 1970, eu dirigira em companhia dos sociólogos Florestan Fernandes e José de Souza Martins, com o respaldo de um conselho editorial que tinha, entre outros, Sérgio Buarque de Holanda, Fernando Henrique Cardoso, Maria Conceição Tavares, Paul Singer e Antonio Candido. Faltava capital, mas isso foi contornado com a eliminação, ao máximo, dos custos fixos: a Editora foi montada em minha própria casa. A família, além de ajudar, teve que pagar o ônus do meu sonho: o depósito ficava na sala de jantar, a composição, na sala de visitas, a garagem foi transformada em recepção e secretaria, a revisão ficava numa salinha dos fundos e a direção, no escritório do andar de cima. Esposa e filhos se envolveram. Mirna coordenava a área de livros infantojuvenis, Daniel emitia notas e ajudava na logística.

Além da literatura infantojuvenil (área que abandonamos logo depois), começamos produzindo livros escritos por especialistas, nas áreas de História, Geografia, Língua Portuguesa e Linguística. Escolas e universidades adotavam nossos livros, quase sempre pequenos, feitos com conteúdo bem elaborado e preços competitivos. O resultado foi muito bom e permitiu que a Editora criasse uma base: diversas obras tiveram muitas edições e algumas acumularam tiragens de dezenas de milhares de exemplares. Uma boa parte dos títulos ainda se encontra no catálogo da Editora.

Logo que possível nos mudamos para a rua Acopiara, onde ficamos até janeiro de 2007, quando finalmente adquirimos nossa sede própria, na rua dr. José Elias, sempre na zona oeste de São Paulo. A trajetória foi trabalhosa, mas exitosa. No caminho a Contexto já havia experimentado até três títulos em livros didáticos de primeiro grau, com vendas que superaram um milhão de exemplares. Havia também tido alguns sucessos relâmpago. A Editora se consolidava. Os passos já poderiam ser bem maiores. O nome e a imagem da Contexto propiciaram as primeiras propostas de compra da empresa. Mas não era esse o meu plano. Muito pelo contrário.

O momento era bom, a Editora tinha distribuidores competentes, ótimos prestadores de serviços editoriais e dedicados coordenadores de coleção. Começava a ser muita coisa para um diretor solitário que, além de tudo, dedicava um dia por semana à CBL, participando da diretoria da entidade, de várias comissões, e da coordenação das atividades educacionais e culturais da Bienal do Livro de São Paulo. Para minha alegria dois de meus filhos, em diferentes momentos e circunstâncias, demonstraram interesse em participar da Editora. A entrada de Daniel como sócio (há mais de duas décadas) manteve a Editora na sua trajetória de crescimento sólido, num período de muita turbulência no mercado. Sua dedicação, seu espírito empreendedor e talento permitiram à Contexto criar novos modelos de negócio. Graças a seus esforços hoje dispomos de importante acervo digital. Mais que tudo, sua presença se manifesta no arcabouço organizacional da empresa, hoje muito bem-estruturada. Daniel, com formação em Administração na FGV e mestrado em Administração pela USP, dirige as áreas comercial e financeira.

Há pouco mais de dez anos juntou-se a nós minha caçula, Luciana. Com licenciatura em Jornalismo e História, ambos pela USP, além de mestrado em Comunicação na mesma universidade, Luciana é hoje responsável pela parte operacional da produção e da atividade editorial da Contexto. Sensível e bem preparada, abraçou a Editora com muita dedicação, somando seus esforços aos nossos. Ambos reforçaram o caráter profissional da empresa e cuidam do projeto, junto comigo, com afinco e harmonia.

É importante ressaltar que aqui, ao contrário do que ocorre até em algumas áreas governamentais, praticamos uma rígida separação entre o que é pessoa física e jurídica, delimitação clara de funções e tarefas e grande respeito entre os sócios.

Graças ao modelo que estabelecemos tem sido possível ousar um pouco mais, produzir excelentes livros-texto, obras destinadas a um público mais amplo, traduções e títulos de referência.

Crescemos muito em áreas como Linguística, Língua Portuguesa, Geografia e História. Nossos livros tornaram-se referência frequente de matérias jornalísticas, teses, pesquisas, concursos, vestibulares e até em pronunciamentos de juízes em tribunais. Nossa coleção *Povos e Civilizações*, iniciada com *O mundo muçulmano* (já traduzida para o inglês) chegou a dezesseis títulos, todos primorosamente editados, e se tornaram prendas desejadas por leitores de todo o país. Estamos abrindo uma nova área de romances históricos. Numerosos Jabutis, além de prêmios Casa Grande & Senzala, Clio e União Latina têm enfeitado nossas estantes. Mas não dormimos sobre os louros e continuamos criando e nos renovando, em todos os setores da empresa. A criação de um novo site moderno e mais funcional, participação assídua nas mídias sociais, presença em eventos no Brasil todo e, mais que tudo, o enriquecimento do nosso catálogo são mostras de nossa preocupação com a atualização permanente na forma para viabilizar o compromisso que assumimos desde a inauguração da Editora.

Reconheço, reconhecemos todos, uma ponta de orgulho ao ver nossa marca nas principais livrarias do país, em belos estandes nas feiras de livros e nas prateleiras de bibliotecas públicas e particulares. Um velho editor me dizia, há tempos, que não importava quantos livros se publica, mas sim o fato de que cada um deve se tornar um acontecimento cultural. É o que estamos empenhados em realizar.

As pessoas que trabalham na Contexto formam uma equipe leal e afinada. Não poderia deixar de prestar homenagem especial a todos eles, o que farei nomeando aqueles que estão há mais de 10 anos conosco, seja como funcionários fixos, seja como prestadores de serviço. Lourenço no estoque, Gustavo na produção, Lilian na revisão, Diego na comunicação, Lívia no comercial, Carla no editorial ajudam a dar o tom, que instrumentistas mais recentes logo captam. Todos têm grande parcela de responsabilidade pelo sucesso da editora. Editores, administradores, vendedores, estoquistas, assessores, produtores, diagramadores, motoristas, assim como ilustradores, capistas, tradutores, revisores, pareceristas garantem nosso padrão de excelência. Contudo, os maiores responsáveis são autores e leitores, sem os quais o livro não existiria.

A cada um de vocês uma fatia do nosso bolo de 30 anos.

Sociedade brasileira

José de Souza Martins

Quando a Editora Contexto foi fundada, o Brasil estava sendo refundado. Mal terminara o longo e penoso Regime Militar, a ditadura que atingira em particular a universidade brasileira, através das prisões de professores, todos eles autores de livros, das demissões arbitrárias e das cassações com privação do exercício do magistério na universidade pública. Várias das vítimas da repressão já haviam passado pela longa experiência de reunirem-se na casa de Jaime Pinsky para editar *Debate & Crítica – Revista Quadrimestral de Ciências Sociais*, que, em virtude de ter-lhe a Polícia Federal imposto a censura prévia, recusada pelos editores, teve a circulação suspensa para renascer algum tempo depois com o novo nome de *Contexto*. De certo modo, a Editora Contexto é filha da revista que circulara antes, enriquecida com a diversificação dos seus campos de abordagem. Mas uma filha da nova liberdade e de um tempo de esperança, de busca, de criatividade, de nova mentalidade.

A Editora Contexto nasceu num novo período da história do Brasil, que incidia particularmente sobre o mundo acadêmico finalmente liberado de constrangimentos, limitações e temores do período ditatorial. Supostamente, as demandas represadas da cultura poderiam desaguar nesse novo tempo de busca e de criação, tempo de reinvenção do Brasil. De vários modos, os temas que seriam abordados pelos autores da Contexto têm sido os temas desse renascimento da sociedade. Não só a sociedade brasileira, mas também a sociedade que o período de temor ocultara ou deformara na leitura que no Brasil se podia fazer de obras que se tornaram grandes expressões de um mundo em relação ao qual estávamos entre parênteses.

O mundo, sem dúvida, havia mudado naqueles 20 anos que abriram para nós um intervalo de distância, de cegueira e de silêncio. No entanto, nesse período o Brasil mudou e muito. A sociedade tradicional foi significativamente alcançada pela modernização acelerada promovida pelo Estado militar e alcançada pelas injustiças que a modernização, em casos assim, costuma disseminar. A economia baseada, sobretudo, no neoliberalismo ganhou uma força motora e transformadora que afetou a sociedade inteira. Nichos de tradicionalismo econômico, social e político foram redefinidos, não só no sentido da mudança, mas também no sentido de assegurar a legitimidade alternativa do Estado autoritário. As velhas oligarquias baseadas no latifúndio e em relações arcaicas de mando foram cooptadas pelo regime, a corrupção ganhou novos contornos. A ditadura se propusera, em seus primeiros dias, a reprimir a corrupção e a subversão. Pressupunha, equivocamente, que os subversivos eram instrumentos dos corruptos para demolir a sociedade e instaurar a república sindicalista. Mas a ordem ditatorial, se foi duríssima com os que queriam mudanças sociais e políticas, prendendo, torturando, matando, banindo, foi leniente e cúmplice com os corruptos. Basta fazer uma história genética da corrupção no Brasil de hoje para constatar que a ditadura renovou a corrupção e inseriu-a na modernidade autoritária. Comprou a consciência dos venais para com sua venalidade preencher as fraturas de legalidade que sua violência produziu.

Não obstante o autoritarismo e sua força de coerção, novos sujeitos sociais e políticos ganharam vida à margem da ordem política repressiva. Já não eram, necessariamente, os grupos de esquerda que se propunham, no período de 1950 a 1964, a fazer a Revolução Brasileira, a do capitalismo apoiado na interiorização dos centros de decisão e na expansão do mercado interno. Portanto, em reformas sociais, como a reforma agrária. Reformas apoiadas no pressuposto da coexistência pacífica entre o capitalismo e o socialismo, entre os EUA e a URSS. A motivação nacionalista dessa orientação geral fazia do Brasil um país não necessariamente alinhado com o Imperialismo, mas orientado no sentido de um desenvolvimento econômico autônomo. Os grupos radicais, que se propunham a ir além dessa opção conciliadora, situados sobretudo no meio universitário, eram minoritários. Como Octavio Ianni definiu um deles, superego do Partido Comunista Brasileiro, filossoviético e interessado na orientação conciliadora. É claro que havia a inocência de supor, como se deu em declaração de Luís Carlos Prestes, dirigente comunista, que o Partidão, no governo Goulart, estava no limiar do poder. Não estava. Faltou aí a compreensão dos impedimentos da Guerra

Fria, válidos em toda a América Latina, mas também na Europa, na Itália, na França.

O Golpe produziu o efeito contrário ao do que os militares e a direita pretendiam. Travou o caminho da solução conciliadora e abriu brechas que deram lugar a novos sujeitos do processo político brasileiro, novos atores da realidade social e mesmo um novo "script" a ser encenado tanto pelos atores vencidos pela história como pelos atores emergentes da nova historicidade do País. O Golpe deu vida a grupos e movimentos muito mais radicais do que a esquerda bem temperada da coexistência pacífica.

O livro do período pós-ditatorial será o livro de um novo enredo, dos novos dilemas, da nova carência de consciência social, de nova visão de mundo. E até mesmo e, talvez sobretudo, dos desafios para lidar com heranças e arcaísmos que a ditadura revitalizou e nos legou e que contaminaram a nova ordem democrática erguida pela Constituição de 1988. Uma era que aos poucos se revelaria uma era confusa. A nova Constituição tem muito mais artigos relativos a direitos do que artigos relativos a deveres. Mais sobre o que exigimos do Brasil do que oferecemos ao Brasil para formá-lo e libertá-lo de suas contradições. Constituição de um povo órfão, que compareceu à Constituinte com extenso rol de carências e reclamações, de dedo em riste, menos propondo do que exigindo. Menos capaz de construir o direito, em nome da nova pluralidade social gestada aos trancos e barrancos no regime autoritário do que empenhada em impor às novas minorias sua prepotência de suposta maioria.

A Constituição consagrou uma sociedade incapaz de sustentar a legalidade de uma ordem social e política voltada para a superação de suas contradições com base em valores democráticos. Legitimou uma sociedade de nichos reivindicantes de natureza corporativa. Ainda que reivindicações legítimas no conteúdo, descabidas na forma e nos meios, baseadas no pressuposto equivocado de que a revolução social e democrática se faz pela marginalização e exclusão dos supostamente vencidos. Mais vingança do que superação. Aqui a pobreza política e ideológica dos que venceram superficialmente mediante concessões a poderosa parcela dos aliados da ditadura não conseguiu sequer copiar a prudência e a competência dos que armaram a sucessão política do franquismo na Espanha. Ainda que se compare, frequentemente, o Pacto de Moncloa, dos espanhóis, com o nosso conchavo, mais do que pacto, para criar o regime de sucessão da ditadura. A comparação é descabida. Aqui não houve pacto algum, apenas a corrida ao poder. Grupos reivindicantes que floresceram fora do leito político de partidos, da diversidade social e ideológica porque o sistema político ficou limitado a dois partidos, o da ditadura e o da oposição. Tardiamente, o general Golbery do Couto e Silva, ideólogo do regime, deu-se conta, em discurso na Escola Superior de Guerra, das consequências adversas do binarismo partidário: a política fora empurrada para fora de canais apropriados de expressão do querer político, caso dos controlados pelas religiões, em particular, no entender dele, a católica.

Era tarde demais para que o regime agônico consertasse a deformação que, no fundo, presidirá o advento do regime democrático de 1988. Os 30 anos da Editora Contexto serão para o Brasil os anos problemáticos de uma era fundada nos impasses e desencontros de um período histórico marcado pelo autoritarismo, centrado no primado da economia de mercado do neoliberalismo econômico e na despolitização da política: os brasileiros autoritariamente deseducados para pensar e agir politicamente. Ficamos reduzidos ao partidário sem politização e ao sectário. O momento pós-ditatorial herdará essas deformações.

O novo regime democrático começa com as vacilações do Congresso Nacional, que, dominado pelos interesses da ditadura, que de vários modos se infiltrava no regime que nascia, recusou o retorno das eleições diretas para a Presidência da República. Mas a ditadura foi derrotada mesmo com a manutenção das eleições indiretas. O Regime Militar fora vencido pela fadiga dos materiais, pela realidade social e política que involuntariamente gestou à margem da eficácia dos mecanismos de controle político que o sustentaram. Uma das consequências foi a de que o caminho de transição da ditadura para um regime democrático só foi aberto por quadros nascidos no interior do próprio regime autoritário e não por quadros políticos de fora do regime e a ele hostis, os que a ele resistiram de diferentes modos durante uma geração inteira. Tancredo Neves foi eleito presidente da República pelo voto indireto e por um partido que era uma variante civil e liberal do próprio Regime Militar. Abriu-se um quadro de transição política que marcará todo o cenário social, econômico e político que se estenderá por todo o período do novo regime. Não é preciso muito esforço para identificar as evidências de um empenho claro, do próprio Tancredo, no sentido de neutralizar os grupos mais radicais e mais à esquerda na composição do novo governo, que acabará assumido por José Sarney em consequência da morte inesperada do presidente eleito. Na composição do governo, Tancredo evitou a influência dos grupos de esquerda, especialmente da nova e diversificada esquerda nascida dos movimentos sociais. Na indicação do ministro do Desenvolvimento Agrário, pediu indicação conservadora à cúpula da Igreja Católica e ignorou a própria esquerda católica profundamente envolvida na Pastoral da Terra e na Pastoral Indígena.

O governo Sarney foi o governo Tancredo sob outro nome. Proveniente do âmago da ditadura, Sarney não precisou fazer nenhum esforço para montar um governo conservador que evitasse transformar a transição política num momento decisivo da Revolução brasileira. Propostas mais radicais, como a de uma reforma agrária extrema, como a reivindicada pelos diferentes grupos de esquerda, foram enquadradas nas relações de conciliação que Tancredo tramou, na perspectiva que adotou de que o novo regime não fosse um regime de confronto com o anterior. Nem de vingança ou de justiçamento. Mesmo as ousadias contidas na Constituição de 1988, no alargamento dos direitos em relação às obrigações dos cidadãos, foram atenuadas pelo modo como as funções de poder e de governo foram estruturadas e distribuídas. Mesmo os governos do Partido dos Trabalhadores acabariam acomodando-se ao jugo do sistema de conciliação que caracteriza o novo regime como um regime de discursos radicais para sustentar uma prática conservadora que reconstitui todo o tempo a ordem social como um sistema de transigência entre opostos, de troca de poder e riqueza por migalhas de empregos públicos, de mando sem poder e, no fim das contas, de corrupção para assegurar ao partido a permanência no poder.

A era histórica que tem a Editora Contexto como protagonista da história do livro e da cultura no Brasil tem sido uma era de indefinições e de incertezas quanto aos rumos do país e aos horizontes das novas gerações. Desafios a mais para autores e a Editora, para quem escreve, para quem publica e para quem lê. Aquilo que dá ao livro mais do que a função de difundir cultura, a função de amadurecer a consciência social e a de oferecer o texto que liberta e emancipa.

Nesses 30 anos, o Brasil transitou da alegria e da esperança sem medidas para o ceticismo e o desalento, da euforia para o desencanto, da certeza de que estávamos no rumo certo das possibilidades que a História nos abria para o vazio e o abismo. Imaginávamos que éramos de esquerda para descobrir ao fim e ao cabo que éramos uma direita disfarçada, incapazes de revolucionar o modo de vida porque algemados numa concepção estatista do poder e numa consciência política pobre, de funcionário público, de tipo arcaico. Perdidos no redemoinho que nos joga, ao mesmo tempo, para as alturas do radicalismo verbal e para as profundezas do realismo reacionário do passado que nos domina e regula. Mergulhamos no tempo da indefinição e da indecisão.

Nesse novo tempo, a criminalidade organizada se difundiu e se tornou influente, o medo, a insegurança e a incerteza se tornaram componentes da estrutura de personalidade dos brasileiros, as novas gerações passaram a se comportar como adultas, amadurecidas à força, o autoritarismo autocrático foi confundido com a democracia. Difundiu-se entre nós a concepção de que democracia é a multiplicação dos comportamentos autoritários gestados e difundidos durante a ditadura. A reação contra a ditadura não foi reação pela democracia, mas difusão do direito de ser ditatorial e intolerante como ela foi – a "democratização" do mandonismo. O capitalismo que a ditadura favoreceu e, incrementou tornou-se o capitalismo da corrupção, da propina, do favorecimento escuso. Aqui, o capitalismo não reproduziu o modelo da ética protestante que o concebeu. Temos o nosso capitalismo, o da "lei de Gerson", o do "João sem braço", o dinheiro circulando livremente entre o lucro legítimo, o crime organizado e o poder desorganizado. Esses 30 anos foram os anos da lenta e segura edificação da desordem, que impõe ao cidadão a busca constante de estratégias de sobrevivência, de reaprender regras todos os dias porque as regras aqui não são mudadas por convenção mas por esperteza de quem manda e de quem pode. Nesses 30 anos, o Brasil aniquilou a política.

Aniquilou, também, a esperança política. No espaço esvaziado da política difundiram-se as religiões na perspectiva antipolítica da apropriação religiosa da política. Em nome da política, a universidade secundarizou e banalizou o ensino, a pesquisa, o princípio fundamental da ciência pela ciência.

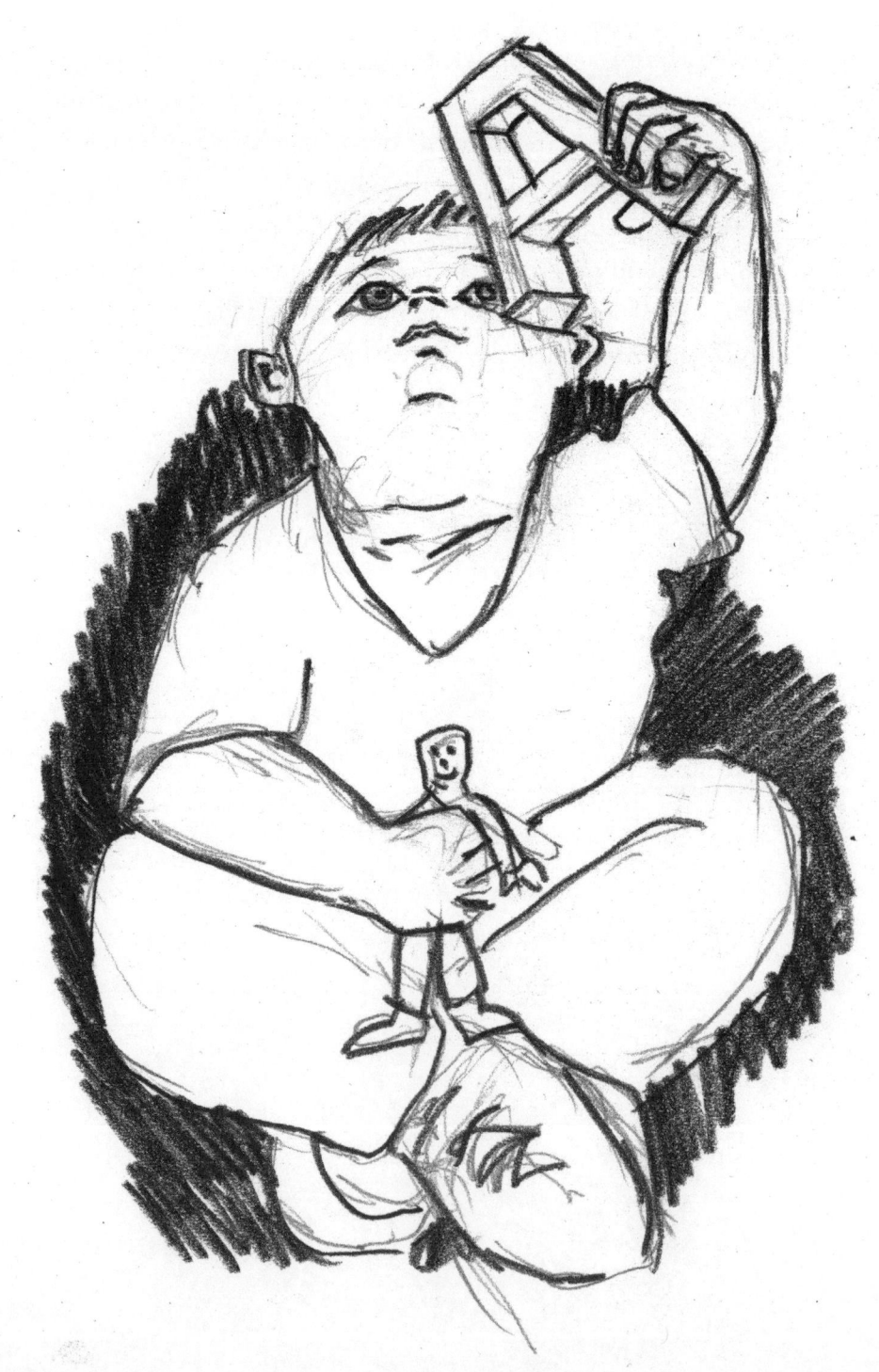

Alfabetização e letramento

Magda Soares

Olhando para o passado, para os últimos 30 anos, os dois substantivos que dão título a este capítulo merecem ser caracterizados por expressões que, de certa forma, se contradizem: alfabetização e letramento – *novos conhecimentos, práticas persistentes*. É que, nesse período, ocorreram, por um lado, avanços significativos nos conhecimentos tanto sobre a aprendizagem inicial da língua escrita – aprender a ler e a escrever, verbos intransitivos, o que se denomina *alfabetização* –, quanto sobre o desenvolvimento das habilidades de uso da leitura e da escrita nas práticas pessoais e sociais – aprender a ler e escrever textos, verbos transitivos diretos, o que se denomina *letramento*; por outro lado, e ao mesmo tempo, muito pouco avançaram, como seria esperado, as práticas escolares de alfabetização e letramento. Assim, se conhecimentos e práticas de alfabetização e letramento têm o mesmo referente temporal, os últimos 30 anos, opõem-se em sua adjetivação: o que se pretende expressar com adjetivos que de certa forma se contradizem é que *novos* conhecimentos não têm tido o poder de alterar as *persistentes* práticas de alfabetização e letramento, que pouco avançaram ao longo desses 30 anos. É sobre essa oposição entre "novos" conhecimentos e "persistentes" práticas em alfabetização e letramento que este capítulo pretende discutir. Para isso, organiza-se o capítulo em três tópicos: "O novo e o persistente na alfabetização", "O novo e o persistente no letramento" e, para finalizar, "As causas e consequências do descompasso entre o novo e o persistente".

O novo e o persistente na alfabetização

O adjetivo "novos", na expressão "novos conhecimentos", traz implícito algo anterior que se tornou "velho", "antigo", algo que o "novo" vem substituir; por isso, para chegar aos *novos* conhecimentos, será necessário, inicialmente, um recuo em busca desse "velho", desse "antigo": o que é que os novos conhecimentos, ocorridos nos anos anteriores aos últimos 30 anos, vieram substituir? Por outro lado, é também necessário considerar esse "velho", pois é ele que se esconde sob o adjetivo "persistente".

Em primeiro lugar, convém já esclarecer que nesse "velho", nesse anterior aos últimos 30 anos, só encontraremos *alfabetização*, palavra e conceito, já que *letramento*, de que se tratará no próximo tópico, tanto a palavra como aquilo que ela nomeia, era desconhecido nas práticas escolares de aprendizagem da escrita, nas muitas décadas anteriores aos últimos 30 anos.

Tomemos como ponto de partida as décadas finais do século XIX, momento em que, como consequência da democratização do acesso à escola, começa a consolidar-se um sistema público de ensino no Brasil – neste capítulo, o foco é posto no sistema público de educação, que atende à grande maioria da população, justamente aquela maioria que mais depende da escola para a conquista dos direitos de cidadania.

A primeira e mais importante função atribuída ao sistema público de ensino foi a implementação de um processo de escolarização que propiciasse a todas as crianças o domínio da leitura e da escrita: a *alfabetização*. Desde então, e até a década de 1980, a responsabilidade maior da escola pública foi a alfabetização da criança, entendida como o processo de levá-la a *decodificar* (traduzir grafemas em fonemas) e a *codificar* (traduzir fonemas em grafemas): aprender a ler e a escrever, verbos considerados intransitivos, e a língua escrita concebida como um *código*.

Nesse passado, alfabetização não tinha propriamente suporte em teorias que esclarecessem especificamente o processo de aprendizagem da língua escrita: o objetivo era definir *como* ensinar, não compreender *por que* ensinar desta ou daquela maneira, ou seja, tratava-se de definir *métodos*, não de identificar fundamentos de que pudessem ser inferidos métodos. Assim, o que a escola viveu, nesse período anterior aos anos 1980, em relação à alfabetização, foi uma permanente alternância entre métodos: um método considerado *novo*, que em seguida se tornava *tradicional*, porque substituído por um outro *novo* método que, por sua vez, logo se transformava em *tradicional* para ser substituído por um *novo*, e assim sucessivamente. Um movimento pendular, um vaivém entre métodos que perseguiam o mesmo objetivo – ensinar a criança a ler, a leitura entendida como *decodificação* – decifração de um *código*, e a escrever, a escrita entendida como *codificação* – a prática de um *código*, métodos que se diferenciavam apenas pela opção entre caminhos em direção a esse objetivo: do maior, frase ou texto, ao menor, os fonemas – métodos chamados *sintéticos*, ou, ao contrário, do menor, fonemas ou sílabas, ao maior, frases ou textos – métodos chamados *analíticos*. A diferença entre uns e outros se apoiava não em teorias sobre o objeto do conhecimento, a língua escrita, e sobre os processos linguísticos e cognitivos envolvidos na apropriação desse objeto, mas apenas na escolha da rota para a decifração do código: partir do texto (*top-down*) ou do fonema (*bottom-up*). Nesse transitar entre métodos, não se identificam justificativas por diferenças de fundamentos linguísticos ou psicológicos.

Foi só na década de 1980 que ganharam evidência conhecimentos que vinham sendo construídos, em várias ciências, sobre a alfabetização e a língua escrita. A ruptura com os métodos de alfabetização que, na perspectiva proposta por esses novos conhecimentos, foram, todos eles, considerados sem adequada fundamentação teórica, surge como consequência de conhecimentos de duas naturezas, gerando mudanças que podem ser caracterizadas como paradigmáticas: novas concepções sobre o *processo* de apropriação da língua escrita, e nova caracterização do *objeto* desse processo, a língua escrita. Foram mudanças trazidas pela Psicologia, tanto na vertente psicogenética quanto na vertente cognitivista, e pelas ciências linguísticas, particularmente através de estudos e pesquisas sobre as relações oralidade-escrita. Novos conhecimentos de outra natureza, a ampliação do que se deveria entender por aprendizagem da escrita, com a introdução do conceito de *letramento*, serão discutidos no próximo tópico. Adiante-se, porém, que, curiosamente, esses conhecimentos de três diferentes naturezas ocorreram contemporaneamente, na década de 1980, e vêm-se desenvolvendo desde então, ao longo dos últimos 30 anos.

Conhecimentos sobre o *objeto* de aprendizagem, no processo de alfabetização, difundidos no Brasil a partir, repita-se, dos anos 1980, alteraram significativamente a concepção desse processo. A língua escrita deixa de ser considerada um *código*, como vinha acontecendo, já que o sistema alfabético não é um sistema que substitui os signos de um outro sistema já existente, característica de um código; é um sistema de signos – grafemas – que *representam* sons da fala – os fonemas –, portanto, um *sistema de representação*, não um código. Essa nova compreensão do *objeto* da alfabetização, decorrente de estudos e pesquisas tanto da Psicologia, particularmente em sua vertente psicogenética, quanto das ciências linguísticas, particularmente da Fonologia, levou a uma também nova compreensão da aprendizagem desse objeto ressignificado e a uma nova maneira de orientá-la: não se trata de aprender um *código*, memorizando relações entre letras e sons, como pretendiam, fundamentalmente, os métodos de alfabetização até então utilizados, mas de compreender o que a escrita *representa* e aprender a *notação* com que, arbitrária e convencionalmente, são *representados* os sons da fala.

Coerentemente com essa nova concepção do *objeto* da alfabetização, surgem também, nos anos 1980, novas concepções sobre o *processo* de aprendizagem desse objeto. De um lado, estudos e pesquisas de Psicologia do Desenvolvimento vêm identificando o processo pelo qual a criança vai compreendendo o sistema de representação alfabético – a psicogênese da língua escrita na criança; por outro lado, estudos e pesquisas de Psicologia Cognitiva vêm identificando as operações mentais que levam a criança a essa compreensão. Pode-se dizer que são conhecimentos de duas naturezas, que se complementam: a Psicogênese estuda *a criança diante da língua escrita*; a Psicologia Cognitiva estuda *a língua escrita diante da criança*, ou seja, o que o sistema alfabético impõe à criança.

O problema é que esses *novos* conhecimentos não chegaram à escola, ou chegaram mal interpretados, mesclando-se às *persistentes* práticas anteriores, nem sempre de forma adequada: novos conhecimentos, persistentes práticas. As causas e consequências da quase impossibilidade de o "novo" ressignificar as práticas em uso serão discutidas no último tópico deste capítulo.

O novo e o persistente no letramento

Letramento é uma palavra que corresponde a diferentes conceitos, dependendo da perspectiva que se adote: antropológica, linguística, psicológica, educacional. É sob esta última perspectiva que a palavra e o conceito são considerados neste capítulo, que tem como foco o ensino no sistema público de educação. Aliás, foi no campo do ensino da língua escrita que a palavra e o conceito foram inicialmente introduzidos no Brasil, em meados dos anos 1980 como já foi dito, contemporaneamente aos estudos linguísticos e psicológicos sobre o processo de alfabetização, discutidos no tópico anterior.

É que só nos anos 1980 o foco até então quase exclusivo na aprendizagem do sistema alfabético, isto é, na alfabetização, ampliou-se, trazendo maior visibilidade para as muitas e variadas demandas de leitura e de escrita nas práticas não só escolares, mas também, e sobretudo, sociais e profissionais. A consequência é o reconhecimento da necessidade de desenvolvimento explícito e sistemático de habilidades e estratégias de leitura e de escrita: para além de apenas ensinar a ler e escrever, considerando esses dois verbos intransitivos, ensinar também a ler e escrever como verbos transitivos, isto é, ler *textos*, escrever *textos*, o que implica desenvolver habilidades de compreensão leitora e de produção de textos de uma gama ampla e variada de gêneros textuais e de usos sociais da língua escrita, em diferentes suportes, para diferentes objetivos, em interação com diferentes interlocutores, para diferentes funções. Esse novo *objeto* de ensino escolar da língua escrita é que recebeu a designação de *letramento*.

Tal como ocorreu no campo da alfabetização, também aqui, no campo do letramento, foi a partir dos anos 1980 que ganharam evidência conhecimentos que vinham sendo construídos sobre o texto nas ciências linguísticas – na Linguística Textual, nas teorias do discurso, na Pragmática, nas teorias da leitura – e sobre as operações cognitivas de compreensão e de produção de textos, no campo da Psicologia Cognitiva.

No entanto, embora a escola tenha logo aderido ao termo letramento, o conceito ainda não se tornou claro, após 30 anos de sua introdução no campo do ensino escolar da leitura e da escrita e o desenvolvimento de práticas pedagógicas de letramento – de desenvolvimento da compreensão leitora e da produção textual, fundamentado nos novos conhecimentos linguísticos e cognitivos – ainda não se afirmou plenamente. O ensino de uma gramática não contextualizada, criticado desde os anos 1970, continua competindo com o estudo e a produção de textos, que não se têm enriquecido com as contribuições das ciências linguísticas e psicológicas. Conservam-se ainda, em geral, nas escolas as práticas de ensino da língua como sendo, predominantemente, aprendizagem de uma gramática normativa, da leitura considerada apenas como apreensão do conteúdo de textos, da escrita como redação de texto "correto" ortográfica e sintaticamente. *Persistentes práticas*, ainda resistentes aos *novos conhecimentos*.

As causas e consequências do descompasso entre o novo e o persistente

A principal causa de que, nos últimos 30 anos, *novos conhecimentos* enfrentem, na escola, a resistência de *persistentes práticas* é que em geral não foram incorporados na formação de alfabetizadores e de professores de língua, quer em cursos de formação inicial quer em cursos de formação continuada, as novas concepções de alfabetização e de letramento e, sobretudo, os novos conhecimentos linguísticos e psicológicos que, desde a década de 1980, oferecem ao ensino da língua escrita – alfabetização e letramento – fundamentos para novas práticas alicerçadas em princípios linguísticos e psicológicos. Na verdade, ainda não se reconhece que a alfabetização, a compreensão leitora e a produção textual constituem "conteúdos" que precisam ser dominados para serem ensinados, com o mesmo estatuto dos demais conteúdos do currículo escolar: como para ensinar Matemática é preciso conhecer Matemática, para ensinar História é preciso conhecer História, da mesma forma, para ensinar a língua escrita é preciso conhecer o sistema de representação notacional que é o sistema alfabético, os diferentes gêneros de texto, as estruturas peculiares a cada gênero, os elementos que dão a um texto coerência, coesão, nível adequado de informatividade, entre outras características. Além disso, e retomando os exemplos anteriores, assim como é preciso conhecer as operações cognitivas que a aprendizagem da Matemática demanda, as operações cognitivas que a História demanda, é preciso conhecer as operações cognitivas que a aprendizagem de um sistema de representação alfabético demanda e conhecer as operações cognitivas e linguísticas que a compreensão e a produção de textos demandam. Com base nesses *novos conhecimentos* que esclarecem os *objetos* de ensino da língua e, assim, orientam *processos* adequados para esse ensino, *práticas persistentes* podem ser avaliadas, ressignificadas, substituídas.

Talvez 30 anos, numa perspectiva histórica, sejam insuficientes para que mudanças ocorram; no entanto, enquanto não ocorrem, as consequências são graves para as crianças e jovens que frequentaram ou frequentam a escola nesses 30 anos, o que fica evidente em resultados de avaliações nacionais e estaduais do nível de alfabetização, de leitura e de escrita dos estudantes brasileiros. Para dar apenas alguns exemplos: na Avaliação Nacional da Alfabetização (ANA) realizada em 2014, mais da metade de crianças do 3º ano do ensino fundamental estava, em leitura, numa escala de 1 a 4, nos níveis 1 e 2, considerados insuficientes; na prova do Enem 2014, 529 mil candidatos obtiveram zero na prova de redação e apenas 250 obtiveram a nota máxima; no Programa Internacional de Avaliação de Estudantes (Pisa), o Brasil ficou, na avaliação de 2012, na 55º posição entre 65 países, quase metade dos alunos (49%) não alcançando, na prova de leitura, o nível 2, numa escala que tem o nível 6 como teto.

É claro que não se pode atribuir apenas à precariedade do ensino da língua escrita essas consequências, como também não se pode atribuir apenas à inadequada formação dos professores de língua a causa desses resultados. Entretanto, considerando que a inserção da criança e do jovem no mundo da escrita é fundamental para seu futuro escolar, social e profissional, a qualidade dessa aprendizagem, que pouco avançou nos últimos 30 anos, particularmente na escola pública, vem impedindo que essa escola se torne realmente *justa* e capaz de garantir *equidade*, para além de igualdade de oportunidades, aos futuros cidadãos brasileiros.

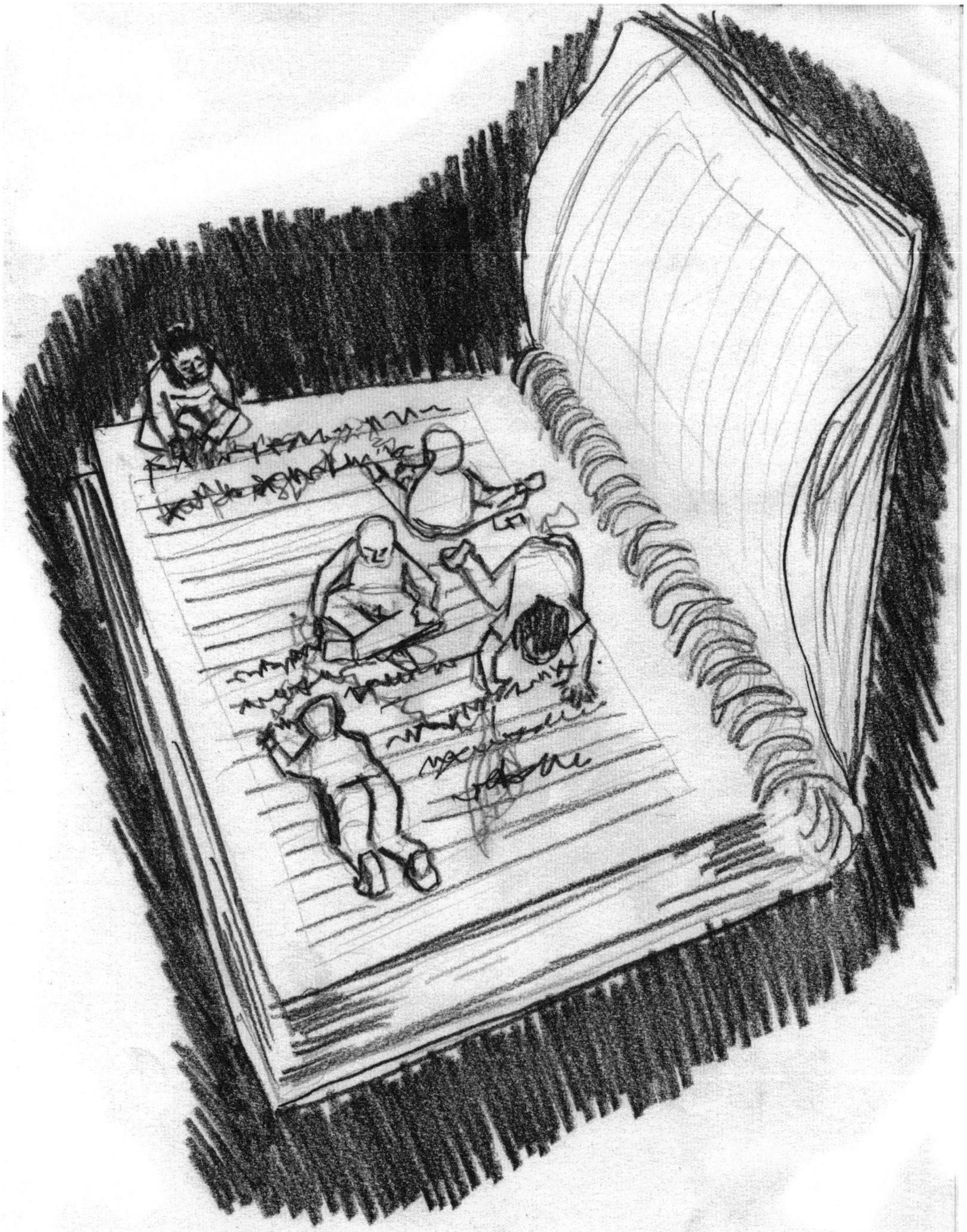

Educação

Nelson Piletti

Tempos vários, múltiplas ações, um objetivo predominante: construir a escola democrática de qualidade, acessível a todos na idade recomendada, em consonância com o lento e difícil processo de redemocratização do país, a partir do término da Ditadura Militar, em 1985. Tal orientação geral da educação brasileira nas últimas décadas será aqui explicitada em quatro tempos: "Da Constituição de 1988 à Lei de Diretrizes e Bases (LDB) de 1996", "Democratizando o acesso", "Breve balanço", "Perspectivas".

Da Constituição de 1988 à Lei de Diretrizes e Bases (LDB) de 1996

Instalada em 1º de fevereiro de 1987, a Assembleia Nacional Constituinte provocou intensa articulação de entidades representativas dos diversos setores sociais, todas interessadas em fazer prevalecer suas propostas. As "emendas populares" alcançaram milhões de assinaturas.

No campo educacional também foram intensos os debates, colocando-se, uma vez mais, em lados opostos os "privatistas" – reivindicando, entre outras coisas, verbas públicas para as escolas particulares – e os defensores da escola pública e gratuita para todos, em todos os níveis. Os últimos organizaram o Fórum da Educação na Constituinte, reunindo 13 entidades, que, em 2 de abril de 1987, divulgou um Manifesto à Nação defendendo a educação como direito de todo o cidadão; a vinculação constitucional de verbas para a educação; a democratização da escola em todos os níveis quanto ao acesso, permanência e gestão; verbas públicas somente para escolas públicas.

Na Constituição, promulgada em 5 de outubro de 1988, 20 meses após o início dos trabalhos, só a última proposta do Fórum não seria atendida, ao determinar, em seu artigo 213, que recursos públicos poderão "ser dirigidos a escolas comunitárias, confessionais ou filantrópicas", desde que comprovem finalidade não lucrativa, apliquem os excedentes em educação e destinem seu patrimônio a outra escola ou ao Poder Público em caso de encerramento de suas atividades. Já a vinculação de verbas para a educação, em relação à receita tributária, foi estabelecida no artigo 212: 18% para a União e 25% para estados, distrito federal e municípios.

Quanto aos objetivos da educação, destaque-se a menção ao dever da família e à colaboração da sociedade, excluídos do manifesto do Fórum, que centrou sua atenção no dever do Estado, "visando ao pleno desenvolvimento da pessoa, seu preparo para o exercício da cidadania e sua qualificação para o trabalho" (art. 205).

Entre os sete princípios que devem constituir a base do ensino (art. 206), algumas referências constituem interessantes avanços em relação aos textos constitucionais anteriores, como a ênfase "na igualdade de condições para o acesso e permanência na escola" e não apenas para o acesso; o "pluralismo de ideias e de concepções pedagógicas"; a "valorização dos profissionais do ensino"; a "garantia de padrão de qualidade"; a "gestão democrática do ensino público". É estranho limitar ao ensino público a gestão democrática, já que um dos princípios também garante a "coexistência de instituições públicas e privadas de ensino", sendo que estas, conforme o artigo 209, deverão cumprir as "normas gerais da educação nacional" e submeter-se à "autorização e avaliação de qualidade pelo poder público".

Outra novidade na época estava no artigo 208, que trata dos deveres do Estado para com a educação, permitindo responsabilizar a autoridade competente em caso de não oferecimento ou de oferta irregular do ensino obrigatório.

Além de determinar a fixação de "conteúdos mínimos para o ensino fundamental, de maneira a assegurar formação básica comum e respeito aos valores culturais e artísticos, nacionais e regionais", o artigo 210 mantém o ensino religioso, de matrícula facultativa, no ensino fundamental das escolas públicas, apesar de numerosas manifestações favoráveis ao ensino laico, e assegura às comunidades indígenas, além da língua portuguesa, "a utilização de suas línguas maternas e processos próprios de aprendizagem".

Apesar da determinação constitucional (art. 214), foi só em 2001 que passou a vigorar, com vigência até 2011, o primeiro Plano Nacional de Educação, prevendo: erradicação do analfabetismo; universalização do atendimento escolar; melhora da qualidade do ensino; formação para o trabalho; promoção humanística, científica e tecnológica do país. Nada modesto em suas pretensões, estabeleceu 294 metas, das quais apenas 33% seriam cumpridas até 2008, segundo estudo de pesquisadores de universidades federais.

Numa iniciativa inusitada, já que as LDBs anteriores, de 1961 e 1971, tiveram origem no Executivo, o deputado Otávio Elísio apresentou, ainda em novembro de 1988, apenas um mês após a promulgação da Constituição, um novo projeto de Lei de Diretrizes e Bases da Educação Nacional. Entretanto, a LDB só seria aprovada em dezembro de 1996, ou seja, mesmo acabada a Ditadura em 1985, sua legislação educacional continuou vigorando por mais oito anos. Fato que não constitui nenhuma novidade, se considerarmos que as leis educacionais do Estado Novo, que acabou em 1945, só foram abolidas com a LDB de 1961.

Assim como a longa duração da Constituinte, essa demora na tramitação do projeto de LDB reflete um inequívoco sintoma dos entraves do processo de redemocratização, envolto em intensos e intermináveis embates entre os "conservadores", defensores intransigentes dos próprios interesses e privilégios, e os "progressistas", para os quais a lei deveria ser um instrumento de superação ou, ao menos, de redução das desigualdades.

A Constituição de 1934 foi a primeira a atribuir à União a competência para "traçar as diretrizes da educação nacional" (art. 5º, XVI). A de 1937 menciona pela primeira vez a palavra "bases", atribuindo à União competência privativa para "fixar as bases e determinar os quadros da educação nacional, traçando as diretrizes a que deve obedecer a formação física, intelectual e moral da infância e da juventude" (art. 15, XI). Já a fórmula atual foi introduzida pela Carta de 1946, que estabeleceu a competência da União para "legislar sobre as diretrizes e bases da educação nacional" (art. 5º, 16, d).

Apesar de tais dispositivos constitucionais, somente em 1961 foi promulgada nossa primeira LDB, a Lei 4024, englobando todos os níveis e modalidades de ensino. Não obstante a sua difícil gestação de 13 anos, não demorou uma década para ser modificada. E o foi por duas leis diferentes: a da reforma universitária (Lei 5.540/68) e a da reforma do ensino de 1º e 2º graus (Lei 5.692/71), representando essa dupla legislação uma volta à situação anterior à LDB de 1961.

O projeto do deputado Otávio Elísio, propondo uma nova e única LDB, ou seja, englobando todos os níveis e modalidades de ensino, teve uma tramitação tumultuada no Congresso Nacional. Aprovado com substanciais modificações na Câmara, foi enviado ao Senado em maio de 1983, onde foi substituído por um novo projeto de autoria do senador Darcy Ribeiro, tendo voltado à Câmara e sendo aprovado com poucas mudanças. Finalmente sancionado pelo presidente da República no dia 20 de dezembro de 1996 – 35º aniversário da primeira LDB – como Lei 9.394/96, apresenta importantes inovações, dentre as quais se destacam:

- gestão democrática do ensino público na educação básica, com a "participação dos profissionais da educação na elaboração do projeto da escola" e a "participação das comunidades escolar e local em conselhos escolares ou equivalentes" (art. 14);

- progressivos graus de autonomia pedagógica, administrativa e de gestão financeira assegurada às escolas públicas (art. 15);

- nova configuração e nova nomenclatura dos níveis escolares: educação básica – compreendendo educação infantil (creche e pré-escola), ensino fundamental I e II e ensino médio – e ensino superior (art. 21);

- flexibilidade na organização da educação básica em séries anuais, períodos semestrais, ciclos, alternância regular de períodos de estudo, grupos não seriados, com base em idade, competência etc. (art. 23);

- possibilidade de reclassificação dos alunos e de classificação independentemente de escolarização anterior (art. 23 e 24).

Gestão democrática, autonomia, flexibilidade na organização escolar da educação básica. Princípios que apontam para novos rumos, no sentido da descentralização e da liberdade dos sistemas para articular o ensino de acordo com as peculiaridades locais e as características e necessidades de escolas e alunos, livrando-se das amarras da uniformização geral e da padronização centralizada que, historicamente, têm engessado a educação brasileira, dificultando, quando não impedindo, a inovação criadora.

Em especial, a possibilidade de reclassificação e de classificação independentemente de escolarização anterior permite um atendimento individualizado, em função das aptidões e do desempenho de cada aluno, verificado segundo princípios também estabelecidos pela LDB (art. 24): avaliação contínua e cumulativa, prevalecendo os aspectos qualitativos sobre os quantitativos e os resultados ao longo do período sobre o de eventuais provas finais.

Tudo dependendo, claro, da vontade política dos agentes e das condições reais de escolas e alunos para trilhar o caminho da inovação previsto na LDB, o que não parece fácil se considerarmos os hábitos e métodos tradicionalmente arraigados, colocando em campos opostos professores e alunos, em salas de aula organizadas de modo a condicionar os primeiros ao monopólio da palavra e da iniciativa, muitas vezes autoritárias, e os segundos à passividade, frequentemente submissa.

Democratizando o acesso

Após a promulgação da LDB de 1996, foram implementadas iniciativas diversas, em sua maioria atendendo a reclamos sociais e integradas por um objetivo comum, o de democratizar o acesso à escola em seus vários níveis e modalidades, dentre elas destacando-se: o Exame Nacional do Ensino Médio (Enem); o Fundo de Financiamento ao

Estudante do Ensino Superior (Fies); o Programa Universidade para Todos (Prouni); o Programa Nacional de Acesso ao Ensino Técnico e Emprego (Pronatec); Educação a Distância (EAD); Educação Escolar Indígena; escolas familiares e comunitárias do campo; educação em prisões; ensino fundamental de 9 anos e ensino médio obrigatório; novos conteúdos curriculares; piso salarial nacional.

Instituído em 1998 para avaliar o desempenho do estudante no final da educação básica, com objetivo de melhorar a qualidade desse nível de escolaridade, o Exame Nacional do Ensino Médio (Enem) foi tendo sua abrangência gradualmente ampliada até se consolidar em 2009 oferecendo aos participantes, em função da média alcançada, referência de autoavaliação e para ingresso ao mundo do trabalho; certificado de conclusão do ensino médio como exame supletivo para maiores de 18 anos; vaga no ensino superior nas instituições que o adotarem no processo seletivo; bolsa de estudos. Presta-se, ainda, à avaliação do desempenho acadêmico das escolas.

Criado em 1999, o Fundo de Financiamento ao Estudante do Ensino Superior (Fies) destina-se a alunos matriculados em cursos superiores que tenham avaliação positiva do MEC. Em 2010, foi reformulado e passou a ser operado pelo Fundo Nacional de Desenvolvimento da Educação (FNDE), com juros menores, maior período de carência e de amortização e inscrições em fluxo contínuo, passando a financiar, em 2013, junto com o Prouni, 31% dos alunos do sistema privado de ensino superior. Mudanças efetuadas no final de 2014 e implementadas no 2º semestre de 2015, com o aumento dos juros, levaram o número de inscritos a uma redução drástica.

O Programa Universidade para Todos (Prouni), criado em 2004 e passando a funcionar em 2005, destina-se a conceder bolsas de estudos, integrais e parciais, de 50% ou 25%, dependendo da renda familiar *per capita*, a estudantes de instituições privadas de ensino superior (com ou sem fins lucrativos) em cursos de graduação ou sequenciais de formação específica, para brasileiros sem diploma de curso superior. Os beneficiários do Prouni são selecionados segundo a nota alcançada no Enem e podem participar do programa: a) estudantes egressos do ensino médio da rede pública; b) egressos da rede particular, na condição de bolsistas integrais da própria escola; c) estudantes com deficiência; d) professores efetivos da rede pública de ensino. Excetuando os professores, todos os demais devem comprovar renda.

O Programa Nacional de Acesso ao Ensino Técnico e Emprego (Pronatec), instituído em 2011, tem como objetivo ampliar a oferta de Educação Profissional e Tecnológica (EPT), por meio de programas, projetos e ações de assistência técnica e financeira, interiorizando e democratizando cursos de EPT de nível médio, presenciais e a distância, e programas de formação inicial e continuada ou qualificação profissional. Financiados pelo governo federal, gratuitos aos alunos, os cursos são oferecidos pelas redes públicas de educação profissional e tecnológica, pelas instituições do chamado Sistema S, como Senai, Senat, Senac e Senar e, a partir de 2013, por instituições privadas, autorizadas pelo Ministério da Educação.

Fies, Prouni e Pronatec representam mais um golpe contra uma das bandeiras históricas dos liberais de velha cepa – não os novos baluartes do mercado, que festejaram tais programas –, qual seja a de destinar verbas públicas exclusivamente a escolas públicas.

A Educação a Distância (EAD), prevista no artigo 80 da LDB, foi regulamentada em 2005, indicada para as seguintes situações: ensino fundamental e médio para fins de complementação de aprendizagem ou em situações de impedimento em acompanhar o ensino presencial; educação de jovens e adultos; educação especial; educação profissional em cursos técnicos de nível médio e tecnológico de nível superior; educação superior, em cursos de graduação, especialização, mestrado e doutorado.

Vários documentos oficiais contribuíram para consolidar a educação escolar indígena: o Referencial Curricular Nacional para as Escolas Indígenas (1998); as Diretrizes Curriculares Nacionais para a Educação Escolar Indígena (1999); os referenciais para a formação de professores indígenas (2002); e o Decreto 6.861, de 2009, que definiu a organização da educação escolar indígena em territórios etnoeducacionais, compreendendo terras indígenas, mesmo que descontínuas, caracterizando-se por ser intercultural, bilíngue ou multilíngue, respeitando a autonomia e a identidade dos povos indígenas, valorizando a diversidade étnica, as línguas maternas e as práticas socioculturais.

O reconhecimento das escolas familiares e comunitárias do campo e da pedagogia da alternância por elas adotada, alternando períodos de trabalho e de estudo, prevista no artigo 23 da LDB, ocorreu em 2002, com a instituição das Diretrizes Operacionais para a Educação Básica nas Escolas do Campo pelo Conselho Nacional de Educação (CNE).

O ensino fundamental de 9 anos passou a vigorar em 2005, tornando-se obrigatória a matrícula de crianças de 6 anos no 1º ano do ensino fundamental em todo o país, prática que já vinha ocorrendo em alguns sistemas de ensino. Já o ensino médio tornou-se obrigatório a partir da emenda constitucional n. 59, de novembro de 2009, que incluiu entre os deveres do Estado garantir "educação básica obrigatória e gratuita dos 4 (quatro) aos 17 (dezessete) anos de idade, assegurada inclusive sua oferta gratuita para todos os que a ela não tiveram acesso na idade própria".

Novos conteúdos curriculares passaram a ser obrigatórios, mediante leis específicas, ao longo da primeira década deste século: uns como componentes de disciplinas já existentes – História e Cultura afro-brasileira e africana (2003) e História e Cultura indígena (2008), em História; direitos das crianças e adolescentes, em várias disciplinas (2007); música, como conteúdo obrigatório, mas não exclusivo, em Artes (2008) – outros, como disciplinas obrigatórias autônomas do ensino médio, a partir de 2008: Filosofia e Sociologia, importantes para a formação do cidadão crítico, que haviam sido suprimidas no período ditatorial.

Novo passo rumo à "valorização dos profissionais do ensino", um dos princípios basilares da educação nacional, segundo a Constituição de 1988, foi a instituição, em 2008, do piso salarial nacional para os profissionais do magistério público da educação básica.

Breve balanço

Os dados apresentados permitem que tenhamos uma percepção, por limitada que seja, do quanto avançamos e do quanto ainda precisamos avançar, para realizarmos de fato a democratização da educação e da escola.

- **Analfabetismo** (15 anos ou mais): 18,8% em 1989; 8,3% em 2014 (13,2 milhões).
- **Creche** (0-3 anos): 13,8% em 2001; 29,6% em 2014.
- **Pré-escola** (4-5 anos): 66,4% em 2001; 89,1% em 2014.
- **Ensino fundamental**: 80,1% em 1980 (7-14 anos); 83,8% em 1991 (7-14 anos); 97,5% em 2014 (6-14 anos), cerca de 460 mil crianças permanecendo fora da escola.
- **Ensino médio** (15-17 anos): 14,3% em 1980; 17,6% em 1991; 61,4% em 2014, cerca de 1,7 milhões de jovens permanecendo fora da escola.

- **Ensino superior** (18-24 anos): 9,2% em 2001; 17,7% em 2014.

- **EAD**: avançou de 0,8% a 20,5% na educação superior privada, entre 2004 e 2014.

- **Enem**: 157,2 mil inscritos e 115,6 mil participantes em sua 1ª edição, em 1998;1,6 milhões de inscritos e 1,2 milhões de participantes em 2001; 9,2 milhões de inscritos em 2016, ou seja, cerca de 4,5% da população brasileira.

- **Fies**: Após um contínuo crescimento de 2010 a 2014, sofreu uma queda brusca do número de contratos do 2º semestre de 2014 ao 2º de 2015:

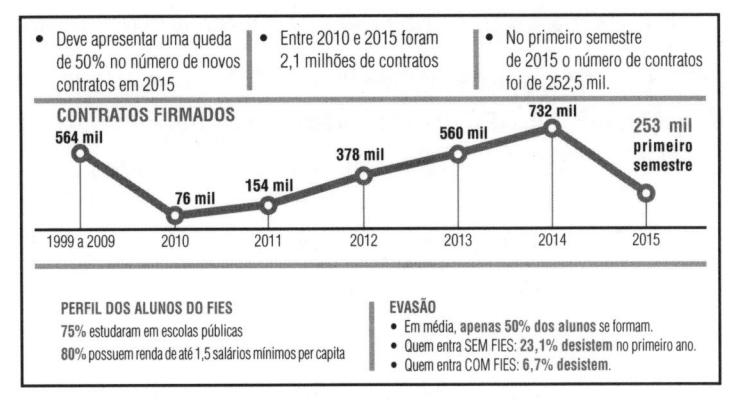

| • Deve apresentar uma queda de 50% no número de novos contratos em 2015 | • Entre 2010 e 2015 foram 2,1 milhões de contratos | • No primeiro semestre de 2015 o número de contratos foi de 252,5 mil. |

CONTRATOS FIRMADOS
1999 a 2009: 564 mil; 2010: 76 mil; 2011: 154 mil; 2012: 378 mil; 2013: 560 mil; 2014: 732 mil; 2015: 253 mil primeiro semestre

PERFIL DOS ALUNOS DO FIES
75% estudaram em escolas públicas
80% possuem renda de até 1,5 salários mínimos per capita

EVASÃO
• Em média, **apenas 50% dos alunos** se formam.
• Quem entra SEM FIES: **23,1% desistem** no primeiro ano.
• Quem entra COM FIES: **6,7% desistem.**

Fonte: Agência Câmara Notícias/Semesp.

- **Prouni**: Desde sua criação até o processo seletivo do segundo semestre de 2014, atendeu mais de 1,4 milhão de estudantes, 70% com bolsas integrais, segundo dados do MEC.

- **Pronatec**: Segundo o governo federal, mais de 8 milhões de matrículas entre 2011 e 2014.

- **PIB aplicado em educação**: chegou a 6,4%, em 2012, e a 6,6%, em 2013. No gráfico, a evolução a partir de 1950:

Gasto Público com Educação – % do PIB de 1950-2011

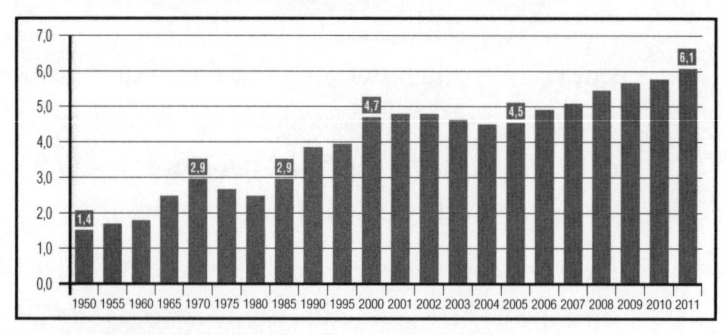

Fonte: https://mansueto.wordpress.com/about/. Acesso em: 26 jan. 2017.

Os dados mostram os avanços quantitativos das últimas décadas, mais em alguns setores, menos em outros. Mas, e a "garantia do padrão de qualidade", um dos princípios básicos da educação, segundo a LDB, como é que fica? Bem, aqui cabem algumas considerações:

- Não se democratiza a educação com crianças, adolescentes e jovens fora da escola, ou seja, a quantidade é fundamental.

- Mesmo em termos de quantidade, ainda temos um longo caminho a percorrer, em especial na alfabetização, na educação infantil, no ensino médio e no superior. E até mesmo no ensino fundamental, em que estamos mais bem situados, ainda há cerca de 460 mil crianças de 6 a 14 anos fora da escola.

- A qualidade da educação é difícil de ser mensurada, varia de sistema a sistema, de escola a escola, indo muito além do alcance dos sistemas oficiais nacionais e internacionais de avaliação de estudantes, em consonância com os objetivos legais da educação – desenvolvimento da pessoa, preparo para o exercício da cidadania, qualificação para o trabalho –, o contexto e o cotidiano escolar. Portanto, há que ser construída em cada sistema e em cada escola, com o apoio do Estado e a participação efetiva dos profissionais da educação, dos estudantes e da comunidade.

Perspectivas

Com três anos de atraso, e após acaloradas discussões, em particular no que tange à porcentagem do PIB aplicada em educação, em 20 de junho de 2014, foi promulgada a Lei n. 13.005, que aprovou o novo Plano Nacional de Educação (2014-2024):

Das dez diretrizes, cinco coincidem com as do PNE anterior: erradicação do analfabetismo; universalização do atendimento escolar; melhoria da qualidade da educação (no anterior era "do ensino"); formação para o trabalho (em 2014, acrescentou-se: "e para a cidadania, com ênfase nos valores morais e éticos em que se fundamenta a sociedade"); promoção humanística, científica e tecnológica do país (em 2014, incluiu-se "cultural").

As outras cinco constituem novidade: superação das desigualdades educacionais, com ênfase na promoção da cidadania e na erradicação de todas as formas de discriminação; promoção do princípio da gestão democrática da educação pública; estabelecimento de meta de aplicação de recursos públicos em educação como proporção do Produto Interno Bruto (PIB), que assegure atendimento às necessidades de expansão, com padrão de qualidade e equidade; valorização dos profissionais da educação; promoção dos princípios do respeito aos direitos humanos, à diversidade e à sustentabilidade socioambiental.

Já as metas são, em síntese: ampliação da oferta de creches e universalização da pré-escola; universalização do ensino fundamental de 9 anos e sua conclusão na idade recomendada; universalização do ensino médio; universalização da educação especial, preferencialmente na rede regular de ensino básico; alfabetização das crianças até o terceiro ano do ensino fundamental; expansão da educação em tempo integral nas escolas públicas; aumento das médias nacionais do Índice de Desenvolvimento da Educação Básica (IDEB); ampliação da escolaridade das populações vulneráveis; erradicação do analfabetismo e redução do analfabetismo funcional; expansão da educação de jovens e adultos integrada à educação profissional nos ensinos fundamental e médio; expansão das matrículas da educação profissional técnica de nível médio (EPT); elevação das taxas de matrícula na educação superior; melhoria da qualidade da educação superior e ampliação da proporção de mestres e doutores; aumento do número de matrículas na pós-graduação para mestres e doutores; promoção da formação específica de nível superior de todos os professores da educação básica; expandir a formação em nível de pós-graduação dos professores da educação básica e garantia da formação continuada; equiparação do rendimento médio dos profissionais do magistério público da educação básica; aprovação dos planos de carreira para os profissionais do magistério público em todos os sistemas e níveis de ensino; gestão democrática das escolas públicas associada ao mérito, ao desempenho e à consulta à comunidade; aumento do investimento em educação para o mínimo de 10% do PIB.

Perspectivas positivas dependem do empenho de todos os envolvidos diretamente com o processo educacional, e da sociedade em geral, para que as metas do PNE sejam alcançadas, superando largamente os 33% de realização das metas do PNE anterior. Historicamente, o que se observa no Brasil é uma acentuada discrepância entre propósitos legais e realidade, leis avançadas contrapostas a uma realidade atrasada.

Em parte devido à nossa tradição bacharelesca – as primeiras faculdades criadas no Brasil foram as de Direito em São Paulo e em Recife, em 1827; cerca de 20% dos deputados federais eleitos em 2014 são advogados –, somos pródigos em leis, em empolados discursos, acreditando, ou fingindo acreditar, que mudando a lei muda-se a realidade. Pergunta Sérgio Buarque de Holanda: "Não existiria, à base dessa confiança no poder milagroso das ideias, um secreto horror à nossa realidade?" Ou, por outra, "a lei era algo mágico, capaz de subitamente mudar a face das coisas", no dizer de Anísio Teixeira, para quem o desafio está em aproximar sempre mais os "valores reais" dos "valores proclamados" como condição necessária à real democratização da educação e da escola.

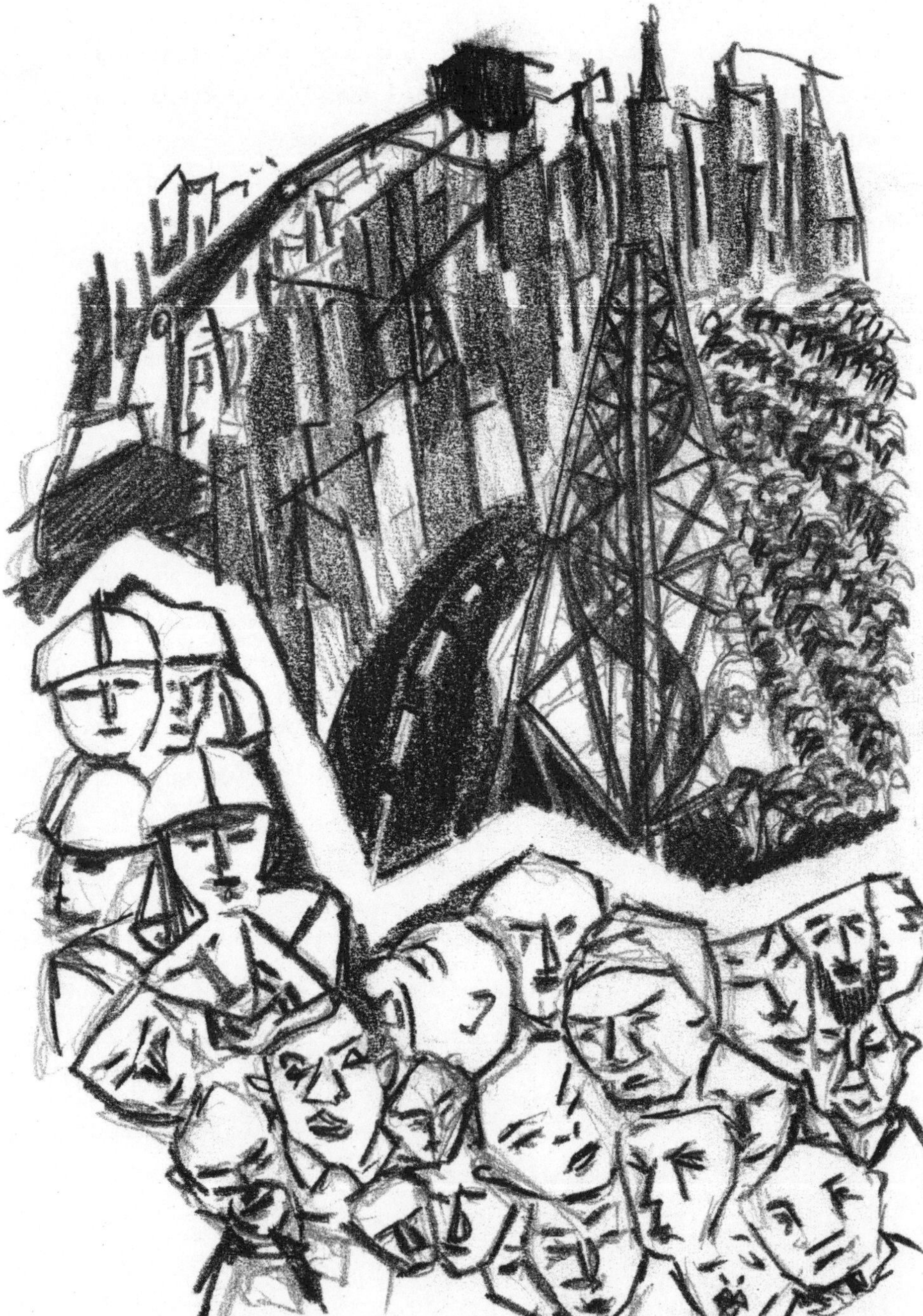

Economia

Antonio Corrêa de Lacerda

Nas últimas três décadas houve uma grande transformação na economia mundial, com reflexos no Brasil. A globalização financeira, que se intensificou no período, tem imposto enormes desafios aos gestores de países, dado o enfraquecimento do poder do Estado na condução das suas políticas macroeconômicas. Mas isso não quer dizer, no entanto, que o papel do Estado perdeu relevância. Muito pelo contrário, diante da instabilidade do quadro internacional, torna-se imprescindível a definição, coordenação e implementação de estratégias locais.

A questão das finanças globais ganhou destaque com a crise contemporânea. Mas sempre foi objeto de abordagens de profundidade ao longo da história. Karl Marx tratou do capital fictício, o capital portador de juros, que se multiplica endogenamente e sem vínculos com a produção. John Maynard Keynes desenvolveu análises bem interessantes sobre a não neutralidade da moeda, a instabilidade inerente ao capitalismo e outros importantes contrapontos à visão ortodoxa da economia neoclássica.

Inspiradas nesses autores, as análises que tratam da questão da financeirização da economia já alertavam para os efeitos do extraordinário descolamento do volume de ativos financeiros relativamente ao PIB (Produto Interno Bruto) global. A desregulamentação dos mercados das ultimas três décadas, os novos produtos financeiros, especialmente os derivativos, assim como a interligação on-line das praças financeiras internacionais, propiciaram a formação de um grande cassino global.

Por um lado, essa exuberância financiou a expansão do comércio internacional, das inovações, e a expansão além fronteiras das grandes corporações, muitas delas com faturamento superiores ao PIB dos países, e a expansão do consumo. Por outro lado, ela fez aumentar muito a volatilidade dos mercados financeiros. A instabilidade implicou crises recorrentes ao longo das últimas duas décadas do século XX: México, Rússia, Tailândia, Coreia, Argentina, Turquia e Brasil foram algumas das suas vítimas, na periferia do capitalismo. A diferença é que mais recentemente a crise se instalou no centro do capitalismo.

A crise que vem afetando a economia mundial desde 2008 ainda está longe de uma solução definitiva. Inicialmente localizada nos EUA, os seus efeitos se espalharam mundo afora, dada a interconexão crescente entre os países. A ação de governos e bancos centrais dos países contribuiu para uma amenização dos impactos da crise, comparativamente aos precedentes históricos, levando-se em conta, especialmente, nível de atividade e fluxos de comércio e de capitais.

Decorrida, no entanto, quase uma década após o auge da crise, ainda prevalecem sequelas, especialmente nos países centrais.

Ou seja, assim como a gravidade da crise exigiu esforços significativos para combater os seus efeitos, o enfrentamento das suas causas estruturais tem sido postergado. O aparente consenso do passado recente quanto à necessidade de novas regras, na chamada "nova arquitetura financeira global", já se dissipa na acomodação propiciada pelas medidas de socorro e pela sensação de que "o pior já passou".

Enquanto isso, Estados Unidos, Europa e Japão reduziram, desde 2008, a quase zero os juros praticados. A consequência dessa disparidade entre cenário doméstico e internacional tem sido um forte influxo de capitais que valorizam o real, em um processo de arbitragem, ou *carry trade*, no jargão do mercado.

Vários dos fatores de competitividade sistêmica doméstica, como tributos, juros, custos de administração, logística e infraestrutura, são maiores no Brasil que nos demais países, como atestam vários *rankings* internacionais, agravando o quadro.

A origem do problema internacional decorre da diferença de *status* das economias emissoras de moedas conversíveis e das de moeda não conversíveis. A prevalência do dólar como moeda internacional de referência e de reserva também dá aos EUA um privilégio.

Não se trata de algo novo. Desde o início dos anos 1970, com a derrocada do sistema definido em Bretton Woods, logo após o término da Segunda Guerra Mundial, o mundo vive uma desordem monetária e cambial que se agravou com a crise recente. O desbalanceamento cambial internacional será um dos temas mais relevantes para discussão nas reuniões do G-20, o grupo de países com maior PIB, do qual o Brasil faz parte.

Muitos lembram, com certa razão, que a correção de crise via redução de juros é um estímulo ao risco, uma vez que incentiva o *moral hazard* (risco moral, em tradução literal), o que na prática equivaleria a estimular os comportamentos altamente especulativos, porque quando a crise se aproxima o banco central abaixa os juros.

O fato de as taxas de juros reais terem permanecido baixas por longo período estimulou as operações *carry trade*, a tomada de recursos a juros baixos para aplicações de alto risco, inclusive no mercado *subprime* norte-americano.

Cerca de 65% do total das reservas dos bancos centrais mundo afora, cujo total é estimado em US$ 10 trilhões, estão denominadas em dólares norte-americanos e os títulos do tesouro dos EUA ainda são considerados aplicações de baixos risco, pela segurança e liquidez que proporcionam. Isso também explica a alta procura por esses títulos por parte dos administradores das reservas cambiais dos países, independentemente da taxa de juros oferecida.

Esse fator não deixa de ser um grande trunfo para os EUA, que têm o privilégio e a primazia de emissão da moeda de maior referência internacional e também de emitir o título mais procurado no mercado. Ambos são fatores que tornarão um pouco mais fácil a tarefa do Fed para criar um ambiente favorável à superação da crise.

É necessária uma maior coordenação de políticas monetárias e cambiais em âmbito internacional para que se busque uma solução global para o problema. No entanto, ainda faltam fóruns de discussão, assim como propostas a respeito. No que se refere ao fórum para discussão da política cambial, por exemplo, o G-20 parece ser o mais adequado. Tradicionalmente o Fundo Monetário Internacional (FMI) trata mais especificamente das questões cambiais.

A Organização Mundial do Comércio (OMC) sucedeu ao Acordo Geral de Tarifas e Comércio (GATT, na sigla em inglês), em 1995, no auge da globalização, incorporando vários novos temas correlatos ao comércio internacional. Isso a diferencia das instituições criadas a partir da Conferencia de Bretton Woods (1944), como o FMI e o Banco Mundial, que permaneceram basicamente com os mesmos instrumentos desde quando foram criados, apesar da enorme transformação da economia mundial nas últimas três décadas.

No entanto, a problemática cambial ainda é um verdadeiro tabu nas rodadas de negociações comerciais. A emergência da China e o desequilíbrio de taxas de câmbio tornaram-se o assunto mais relevante do ponto de vista das relações econômicas internacionais.

Além disso, no chamado mundo desenvolvido prevalece a concessão de subsídios em grandes proporções aos produtores de laranja e aço nos EUA, por exemplo, ou pecuaristas e agricultores na Europa. Apesar do discurso pró-liberação comercial, o protecionismo sob as mais variadas formas vem se intensificando mundo afora. O quadro é bastante favorável às empresas chinesas, uma competitividade artificial, mas extraordinária, tornando quase irrelevante as proteções alfandegárias.

O Brasil e o desenvolvimento

Em 2009 e 2010, o Brasil vinha sendo apontado, na mídia especializada e meios econômicos internacionais, como um dos "vencedores" da crise. De fato, adotar medidas econômicas anticíclicas, que aproveitaram o dinamismo do mercado doméstico nos colocou fora do turbilhão. No entanto, ao longo do tempo o otimismo inicial se dissipou. Além disso, a conjugação de fatores internos positivos e a ainda persistente taxa real de juros elevada nos torna alvos fáceis da especulação.

Para além da conjuntura, há uma questão mais estrutural, nas palavras do mestre Celso Furtado: vivemos, sob este ponto de vista, uma "construção interrompida" (título do seu livro de 1992, *Brasil: a construção interrompida*). Ou seja, há 30 anos evoluímos na democracia, mas perdemos a capacidade de, como nação, elaborarmos e viabilizarmos um Projeto Nacional. Nossa jovem democracia precisa ser preservada e aperfeiçoada. É preciso que as forças vivas da nação concentrem sua energia na reconstrução e implementação de um projeto, visando ao desenvolvimento. Não basta a agenda de curto prazo, muito disseminada por analistas do mercado financeiro e seus simpatizantes, mas medidas mais perenes, políticas de Estado, sem as quais o desejado desenvolvimento não se viabilizará.

A estrutura da economia brasileira não pode abrir mão da reindustrialização como fator de desenvolvimento. Não se trata de incentivá-la em detrimento dos demais macrossetores, o complexo agromineral e os serviços, mas de intensificar a integração entre os três, aproveitando e agregando sinergias.

A utilização da política cambial como instrumento de controle de inflação de curto prazo foi um recurso recorrente em praticamente todos os governos dos últimos 30 anos, para focarmos em um período mais recente da nossa história.

No governo Sarney (1985-1989), foi um dos elementos da implantação do Plano Cruzado, nos governos Itamar/Fernando Henrique Cardoso, adotado explicitamente como "âncora", na primeira fase do Plano Real (1994-1998) e no governo Lula (2003-2010). Embora já vigesse o Regime de Metas de Inflação, que fora adotado em 1999, a valorização artificial da moeda foi elemento fundamental para o controle da inflação. Já o governo Dilma (2011-2016), depois de ter herdado um real valorizado, fez uma tentativa de desvalorização em meados do seu primeiro mandato, depois no final deste, assim como no início do segundo mandato, visando estimular a indústria e as exportações.

O apelo à valorização artificial da moeda é grande no Brasil. A renda da exportação de *commodities* associada à prática de juros reais elevados proporciona um terreno fértil para isso. Os resultados de curto prazo são inegáveis, como o barateamento das importações, das viagens e compras no exterior. O problema é que esse ganho de curto prazo se esvai no médio e longo prazos, trazendo consequências danosas para a indústria, que perde tecido, desestimula as exportações de manufaturados e o emprego nesses setores, assim como deteriora as contas externas.

A expansão da renda média dos brasileiros, genericamente definida pelo PIB *per capita*, é um dos indicadores relevantes para a medição da qualidade de vida. Há, no entanto, outro desafio crucial, no nosso caso, que é a diminuição da desigualdade e a melhora da distribuição de renda. Como pré-requisito, portanto, a questão é garantir o crescimento do PIB *per capita* real, o que somente ocorre na medida em que o crescimento da economia seja maior que o crescimento populacional. Esse indicador, que cresceu 2,8% ao ano, na média de 2003 a 2010, caiu para 1,2% a.a., no período 2011-2014, tinha previsão de retroceder cerca de 4,5% ao ano, em 2015 e 2016, considerando-se os impactos da recessão que vivenciamos e as projeções de desempenho do crescimento populacional.

Mantendo um crescendo médio de 2,8% a.a., como de 2003 a 2010, o PIB *per capita* brasileiro dobraria a cada 26 anos, o que nos aproximaria dos níveis atuais de países mais desenvolvidos. Do contrário, crescendo apenas 1,2% a.a., como de 2011 a 2014, dobrá-lo demandaria 59 anos. A situação conjuntural é ainda mais grave, com a queda no PIB *per capita*.

O desempenho 2003-2010 somente foi possível mediante condições internacionais extremamente favoráveis, como o crescimento chinês próximo de 10% ao ano, o que proporcionou que os preços das *commodities* quase dobrassem no período. Isso garantiu renda ao Brasil, favorecendo o crescimento do PIB, da renda e do emprego. Porém, o quadro internacional atual é desfavorável e o cenário doméstico contempla os impactos negativos da "Operação Lava Jato", as políticas monetária e fiscal restritivas, causando a deterioração nas expectativas dos agentes econômicos, além dos efeitos da crise política.

Além disso, vários dos instrumentos que foram utilizados para incentivar o mercado doméstico, sobretudo após a eclosão da crise de 2008, encontram-se esgotados ou limitados (expansão dos gastos públicos, financiamento via bancos públicos, crédito ao consumidor etc.). A oportunidade de expansão, portanto, se dará via maiores investimentos em infraestrutura, fator sabidamente possuidor de enorme demanda reprimida, além de crescimento das exportações, em especial aquelas de maior valor agregado. A retomada da expansão do mercado doméstico requer outra estrutura de oferta de crédito, por exemplo, com taxas de juros mais favoráveis, o que ainda está longe de ocorrer.

Ademais, deve-se considerar que o Brasil tem um crescimento populacional médio de 0,8% a.a., bem abaixo dos 3% da década de 1960/70. Ou seja, a taxa de crescimento populacional vem apresentando e deverá continuar registrando uma tendência de queda. Logo, em tese, o crescimento do PIB necessário é menor para elevar o *per capita*. Portanto, no futuro próximo o crescimento populacional deverá ter menor impacto potencial no crescimento do mercado e consequentemente do nível de atividades. Ou seja, será preciso crescer e produzir mais, sem o acréscimo da população, portanto, com maior produtividade.

Ressalte-se que, como já apontado, o indicador do PIB *per capita* é uma medida limitada e não adequada para medir grau de concentração e de desigualdade de renda da população. Como é uma média, resultado da relação entre o PIB e a população, o PIB *per capita* pode crescer mesmo com uma maior concentração de renda e, assim, elevar o grau de desigualdade. Portanto, não basta apenas elevar o PIB *per capita* em termos reais. É preciso atrelar esse aumento a avanços sociais, como, uma melhora da distribuição de renda e a uma queda dos níveis de pobreza. Daí a importância de um Projeto Nacional de Desenvolvimento que contemple políticas de Estado.

Como fator de estímulo e experiência, vale lembrar que historicamente os grandes saltos na nossa economia ocorreram como respostas às crises. Na década de 1930 foi que demos o início à industrialização, dada a debacle do café. Na década de 1980, o desafio foi responder à elevação dos preços do petróleo e dos juros no mercado internacional; nos anos 1990, à abertura comercial e financeira em tempos de globalização, necessidade de modernizar o Estado, e à estabilização dos preços.

Experiência, portanto, não nos falta. O problema é que quando aprendemos as respostas, mudam as questões e estamos diante de novos desafios, complexos, mas não insolúveis. Se não há alternativas indolores e fáceis, por outro lado, não há porque ficar refém de paradigmas que já se mostraram insuficientes para fazer frente ao novo. É preciso coragem e determinação para mudar convicções, mesmo que isso desagrade ao senso comum.

Uma moeda mais desvalorizada seria uma oportunidade para fortalecer a produção doméstica e exportações. Mas, é preciso que fique claro para os decisores de investimentos, seja na produção voltada para o mercado interno, que concorre com os importados, seja na voltada para exportação, que a política cambial visa estimulá-las. Além disso, as decisões na área produtiva têm um *timing* mais lento do que no setor financeiro, o qual geralmente se aperta uma tecla e muda-se de posição de aplicações. Câmbio é uma condição necessária, porém insuficiente quando se tem um quadro como agora: baixa expectativa de demanda, juros estratosféricos e políticas industriais instáveis. O ambiente não favorece a produção, mas as aplicações financeiras.

Portanto, um retorno à prática da valorização do real é inoportuna. A desvalorização, observada ao longo de 2015 e início de 2016, restabeleceu as condições de competitividade que, aliada a outros ajustes macroeconômicos e práticas inteligentes de políticas de competitividade (políticas industrial, comercial e de inovação), permitiriam viabilizar a reindustrialização, com todos os benefícios do processo: crescimento sustentado, geração de emprego, renda e receita tributária, além de equilíbrio intertemporal das contas externas.

Mas tudo isso não é automático, nem tampouco de curto prazo. É preciso persistir nos ajustes, lembrando que uma taxa de câmbio de equilíbrio industrial é uma condição *sine qua non*, porém não única. Ressalte-se, adicionalmente, que o cenário internacional de hoje é bastante diferente do observado na primeira década dos anos 2000, em que o Brasil se aproveitou de um crescimento expressivo da China e de preços. A economia brasileira segue apresentando indicadores negativos no que se refere ao nível de atividades e investimentos. O ambiente político, ainda longe de uma estabilização, permanece como fator de incerteza.

As primeiras medidas do governo provisório apontavam para uma guinada em vários aspectos, especialmente quanto ao papel do Estado, dos bancos públicos e dos programas sociais. Embora essas medidas pró mercado encontrem receptividade em alguns setores, especialmente no mercado financeiro, elas não garantem um ambiente favorável ao investimento na produção e na infraestrutura. Soma-se a prática de uma taxa de juros muito acima da média internacional e da rentabilidade esperada nessas atividades com aspectos regulatórios e de ambiente de negócios, ainda claramente desfavoráveis para as decisões.

Recuperar os investimentos é algo que se mostra imprescindível para a saída da crise. Se a economia brasileira recuou 3,8% em 2015, os investimentos, medidos pela Formação Bruta de Capital Fixo, caíram 14,1%. Foram vários os fatores que fizeram com que houvesse essa retração.

O almejado ajuste fiscal implicou cortes de gastos, incluindo os investimentos, não apenas por parte da União, mas também dos estados e municípios. Além disso, o aumento da taxa básica de juros (Selic) e a sua manutenção em nível elevado, além de estimular as aplicações financeiras em detrimento dos investimentos na produção e infraestrutura, encareceram o custo do crédito e financiamento.

Houve, ainda, o fator internacional: o impacto da retração chinesa e a queda nos preços das *commodities*. Ao contrário do que se poderia pensar, a diminuição dos preços do petróleo bruto, dos minérios e da soja, para citar os principais, não afetou somente o resultado das exportações, mas também inibiu novos projetos por parte de grandes empresas, devido à queda da sua receita e rentabilidade.

Por outro lado, nada indica que estejamos fadados a uma crise interminável. Há aspectos relevantes a serem considerados. O Brasil é o único país do G-20 que tem uma expressiva demanda ainda reprimida na infraestrutura, por exemplo. Há muitas outras oportunidades no agronegócio, na indústria e nos serviços.

Isso talvez explique a atratividade da economia brasileira para investimentos do exterior. Há mais de 15 anos, o Brasil se mantém entre os dez países mais bem-sucedidos na atração de investidores internacionais. Ou seja, apesar da crise recente, muitas empresas estrangeiras se interessaram em investir no Brasil, certamente considerando o potencial de mercado e de crescimento futuro.

No âmbito federal, há um montante mapeado de projetos da ordem de R$ 200 bilhões em infraestrutura, envolvendo estradas, ferrovias, portos e aeroportos. São oportunidades que, no entanto, não devem se desenvolver no curto prazo. Além do aspecto já apontado da elevada taxa de juros, prevalecem outros de incerteza, como a questão do licenciamento ambiental, que é bastante demorada, além de entraves burocráticos e administrativos.

Portanto, a criação de um ambiente favorável aos investimentos passa pela resolução, ou minimização, de todos os aspectos político-econômicos apontados, cuja superação poderá transformar em oportunidade o que muitas vezes é visto apenas como problema, especialmente no que se refere aos gargalos de infraestrutura e logística.

Há, como vimos, questões estruturais e conjunturais a serem consideradas para a discussão do nosso futuro. A retomada do desenvolvimento, que perpassa a ambas, se apresenta como um dos grandes desafios para a sociedade brasileira neste início do século

XXI. Depois de um período de expansão da renda e diminuição da desigualdade na primeira década deste século, fortemente influenciada pelo desempenho da economia mundial e da elevação dos preços das *commodities,* nos vemos novamente diante da recessão e seus reflexos.

A economia brasileira dispõe de excelentes oportunidades para fazer frente aos desafios que se impõem. No entanto, isso não é automático, nem tampouco existem respostas prontas para a solução dos nossos problemas. Estamos mais do que nunca diante da necessidade inexorável de ousar e buscar o nosso próprio caminho.

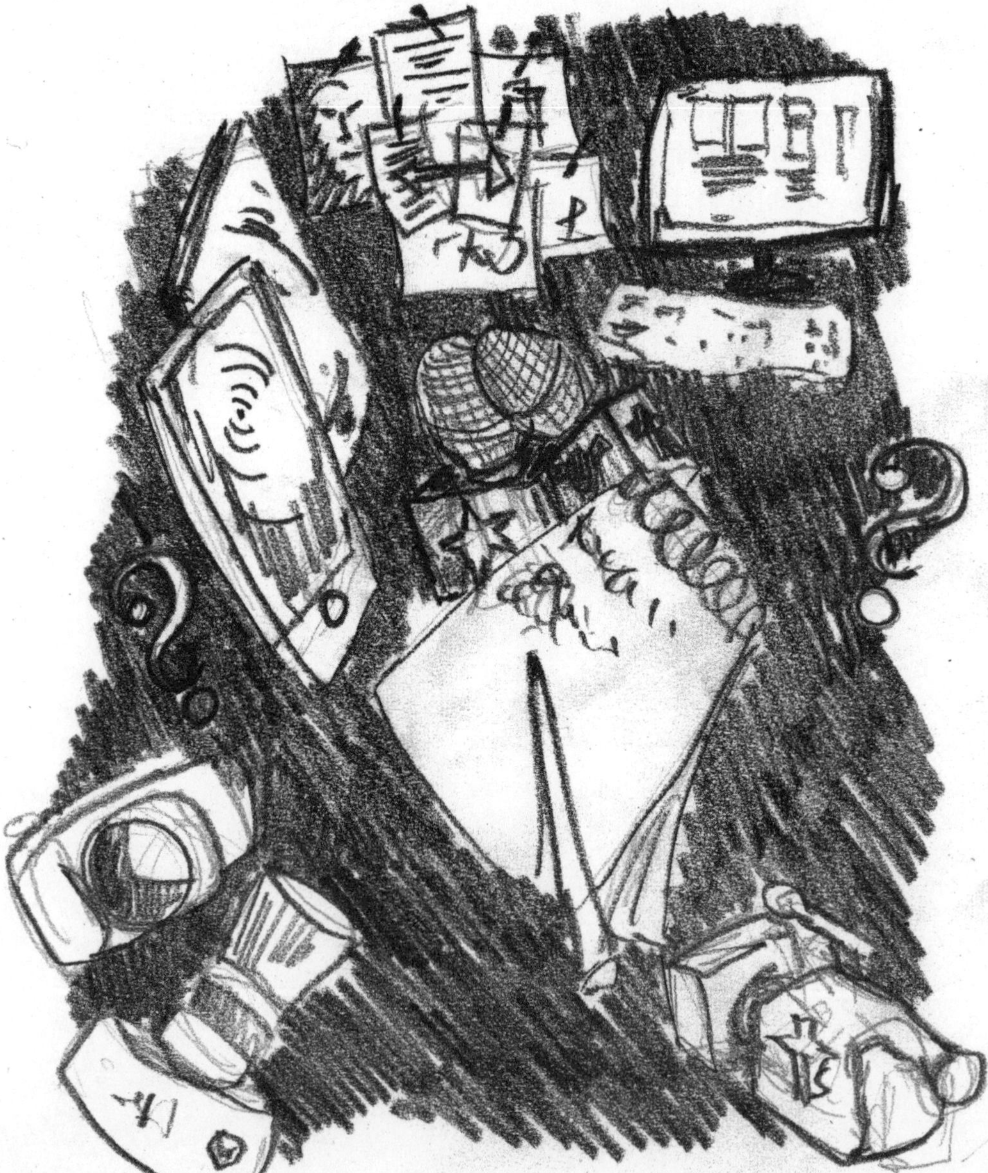

Jornalismo

Carlos Eduardo Lins da Silva

Poucas atividades profissionais passaram por mudanças tão radicais desde 1987 quanto a do jornalismo. A indústria, que estava no auge de seu prestígio e lucratividade em muitos países, entre eles o Brasil, em meados da década de 1980, enfrentou desafios estruturais sem precedentes a partir de meados dos anos 1990, com a universalização da internet e outras tecnologias de comunicação, para os quais ainda não encontrou respostas satisfatórias.

O resultado foi uma queda dramática e ainda não interrompida de venda direta de conteúdo aos consumidores e de faturamento publicitário (os dois pilares tradicionais de sustentação do negócio jornalístico) para a qual a reação padronizada das empresas tem sido a de cortar pessoal, vender ativos não essenciais, diminuir o tamanho do produto, aumentar seu preço para venda e reduzir custos em toda a linha de produção para impedir (ou retardar) o encerramento das operações devido aos prejuízos acumulados.

Em muitos casos, a qualidade do produto tem sido afetada intensamente e, em consequência, o prestígio e a influência do veículo também vêm diminuindo correspondentemente. Não parece um plano de negócios eficaz encolher e piorar o produto e, ao mesmo tempo, elevar seu custo para o consumidor final.

Para o profissional do jornalismo, as alterações no seu cotidiano e no seu modo de trabalhar não têm sido menos impactantes do que para as empresas. No seu caso, entretanto, por um lado, foram muito positivas: o acesso à informação aumentou de maneira inimaginável, assim como a facilidade para transmitir conteúdo. Mas, por outro lado, as condições de trabalho pioraram com a necessidade de produzir para diversas plataformas (jornal impresso, noticiário on-line, vídeo, blog etc.) frequentemente, de modo concomitante, com a obsessão pela informação imediata (que atrapalha e até impossibilita checagem e reflexão) e com a redução de pessoal e consequente sobrecarga para os que sobrevivem no emprego.

Como marco da grandiosidade do jornalismo de três décadas atrás, pode-se lembrar que no dia 14 de setembro de 1987, a edição do *The New York Times* teve 1.612 páginas, pesou 5,4 quilos e teve 15,2 centímetros de grossura. Segundo o Guinness, foi a maior edição de jornal da história dos EUA. No Brasil, as edições dominicais do *Estado de S. Paulo* eram comparáveis às dos grandes diários americanos, graças aos classificados de imóveis, empregos e oportunidades, consumidos avidamente pelos leitores.

A absoluta liberdade de imprensa que veio com o fim do Regime Militar, em 1985, deu ao jornalismo brasileiro a oportunidade, que ele aproveitou bem, de fiscalizar os poderes e os políticos, na esteira do modelo americano, que tivera seu cume na década de 1970 com o caso Watergate, que levou ao ápice a influência do jornalismo naquele país. Basta lembrar o papel vital que a imprensa teve no processo que levou ao impeachment do presidente Collor de Mello e, mais recentemente, na apuração de casos de corrupção em todos os níveis de governo, entre muitos outros exemplos.

O alargamento do número de leitores no Brasil se tornou intenso durante a década de 1990. O sucesso do Plano Real, de 1993 a 1997, proporcionou o acesso a bens de consumo simbólicos – como o jornal – a um número sem precedentes de pessoas. Só no final do século XX, mais de cem anos depois do que ocorrera nos EUA e na Europa Ocidental (em consequência da Revolução Industrial), as condições econômicas finalmente propiciavam o surgimento da imprensa destinada às massas.

A *Folha de S.Paulo*, por exemplo, resolveu apostar pesadamente numa estratégia de atrair esse contingente de potenciais consumidores por meio da distribuição de brindes (atlas, livros, discos, vídeos etc.). Esse artifício era largamente usado por jornais europeus, mas pouco nos EUA (onde, no entanto, sempre foi comum estratagema de algum modo similar: os cupons de desconto para uso em lojas de varejo). Deu certo: em 12 de março de 1995, a *Folha* atingiu a circulação paga de 1,6 milhão de exemplares, a maior da história. Vinte e um anos depois, em 21 de agosto de 2016, ela foi de 343 mil, somados exemplares impressos e digitais. Sua média diária, a maior do país, no primeiro semestre de 2016 foi de 304 mil, segundo o IVC (Instituto Verificador de Circulação) (no mesmo período de 2015, havia sido de 352 mil). Esses números dão boa noção da intensidade da crise.

Para os otimistas ou desavisados de 20 ou 30 anos atrás, parecia que o mundo do jornalismo, em especial no Brasil do Plano Real, só iria crescer e melhorar com o tempo. Não. Aqueles foram os momentos finais de seu período glorioso. O jornalismo impresso vinha sofrendo já fazia décadas o assédio da TV, que havia resultado em alterações profundas de forma nos veículos em papel, representadas em especial pelo USA *Today*, lançado em 15 de setembro de 1982 e grandemente utilizado como fonte de influência em praticamente todos os jornais, em particular, nas revolucionárias mudanças realizadas na *Folha* a partir de 1984. A ênfase em gráficos, ilustrações e fotos e o uso de cores fizeram parte dessa reação nas duas últimas décadas do século XX para tentar estancar a perda de público.

Mas a revolução digital já estava se gestando. Durante os anos 1990, o acesso à internet teve progressão geométrica. Em 28 de abril de 1996, o Grupo Folha colocou no ar o Universo Online (UOL), que se tornaria o mais popular portal do país, em sintonia com o que ocorria nos EUA com provedores como CompuServe (que chegou a operar no Brasil, mas acabou absorvido pelo UOL), America Online (AOL) e outros.

Todos os veículos jornalísticos passaram a colocar seu conteúdo na internet, o que não lhes garantiu muito alívio do ponto de vista econômico. O pioneiro foi o *Jornal do Brasil*, em 1995, que, ironicamente, também foi o primeiro entre os maiores títulos da imprensa nacional a deixar de circular em papel (em março de 2010), após agonia longa e angustiante, vendendo cerca de 20 mil exemplares diários. O líder do jornalismo brasileiro, provavelmente o melhor produto da história da imprensa do país, condição conquistada em especial nas décadas de 1950 e 1960, teve um fim lastimável.

A internet não tem tirado dos veículos impressos apenas o público que consome informação noticiosa. Este, os jornais já o vinham perdendo para a TV fazia tempo (embora a TV não tivesse nunca ameaçado seriamente a primazia do impresso sobre a parcela da audiência mais sofisticada, que não se satisfazia com o tratamento ligeiro dos assuntos que a TV oferecia: todas as pesquisas de credibilidade sempre colocaram – e continuam colocando – os jornais impressos acima da TV).

O que sempre sustentou a indústria jornalística foi a publicidade, em especial os classificados e outros anúncios "úteis" (como os de ofertas em supermercados, que ainda continuam sendo importantes em *O Globo*, por exemplo). Quando portais de classificados começaram a fazer sucesso, os jornais em papel sofreram seu maior baque.

É sintomática a desastrosa maneira como os gestores da indústria do jornalismo vêm lidando com toda essa crise estrutural que a abala seriamente, pelo fato de que o ícone dos classificados on-line, a Craigslist, tenha sido oferecido a responsáveis pelos grandes diários americanos e que eles o tenham rejeitado. A Craigslist começou em 1995 com operação quase artesanal (o fundador, Craig Newmark, enviava e-mails para uma rede de amigos com dicas de eventos e produtos na região de São Francisco – Califórnia), lançou seu primeiro site em 1996 e agora opera praticamente no mundo todo, inclusive no Brasil, tendo diversos concorrentes que seguiram o seu modelo.

Assim como não souberam reconhecer o potencial da Craigslist, executivos de imprensa no mundo não têm sido capazes de encontrar saídas para a crise que enfrentam. Ou seja: formas de fazer dinheiro suficiente para manter uma operação que consiga realizar as missões básicas do jornalismo de acordo com seus cânones ocidentais estabelecidos ao longo do século XX, que são vigiar os poderes e informar bem a sociedade.

A "crise do jornalismo", na verdade, é a "crise da gestão do jornalismo". A solução do problema não depende dos jornalistas, mas dos administradores das empresas que editam os jornais, que não têm conseguido inovar, tentar estratégias arriscadas bem-sucedidas. Claro que não se trata de tarefa simples e, muito provavelmente, não há uma "bala de prata" para resolver o problema.

O problema do jornalismo não é tentar salvar a sua versão impressa. Pode até haver quem tenha fetiche com o papel, e alguns estudiosos acham já ter conseguido evidência suficiente para provar que ler no papel estimula mais a mente e tem a propriedade de manter nela por mais tempo as ideias lidas do que ler em tela. Mas a ameaça que realmente pode empobrecer a qualidade da vida em sociedade, da democracia e do próprio ser humano é o fim do jornalismo independente, que estimula o debate de pontos de vista divergentes, que apura informações de interesse público de modo responsável e de acordo com códigos de conduta experimentados ao longo de várias gerações de profissionais. Não importa se esse jornalismo é consumido em papel, em telas de TV, em aparelhos de rádio, no telefone, no laptop ou no *tablet*.

Esse jornalismo, que enfrenta dificuldades enormes para sobreviver, é mais necessário agora do que nunca, em sociedades que se balcanizam em *clusters* ideológicos sectários (e não só ideológicos do ponto de vista político, mas também do ponto de vista cultural, com a radicalização das subculturas de etnia, nacionalidade, gênero, opção sexual; militâncias múltiplas, da ambiental às de preferência alimentar; e assim por diante).

No ambiente da comunicação contemporânea, pessoas tendem a se isolar nos grupos que compartilham suas convicções para reforçá-las e para combater, muitas vezes com falsidades, ofensas, preconceitos, agressões, calúnias os que divergem delas. Para quebrar esse ciclo, o jornalismo é vital.

Uma das demonstrações de que a crise do jornalismo é basicamente um problema de gestão é que, embora as empresas acumulem prejuízos, várias estejam próximas da insolvência e a circulação paga dos seus veículos decresça sistematicamente, o conteúdo jornalístico, contraditoriamente, tem tido audiências crescentes.

Por exemplo, o *The New York Times* tem 1,5 milhão de assinantes digitais e em papel. Mas seu site recebe 60 milhões de visitantes únicos por mês, dos quais só um milhão pagam alguma coisa pelo que leem. Os outros 59 milhões usufruem do sistema que permite o acesso gratuito a um número determinado de matérias por um período de tempo – sistema muito utilizado por vários veículos pelo mundo como forma de atrair novos assinantes e anunciantes.

O conteúdo dos veículos jornalísticos também é consumido aos milhões sem que eles sejam remunerados por isso por meio dos compartilhamentos em mídias sociais e da reprodução não autorizada (ou por cópia literal ou por referência resumida, e algumas vezes distorcida) em outros portais e blogs. Muitas vezes, o espírito original desse conteúdo é deturpado por quem o encaminha aos seus conhecidos, mas ainda assim, é o trabalho do jornalista dos veículos tradicionais que ajuda a pautar a agenda da opinião pública. Os que se regozijam com o fim dos "jornalões" parecem não entender que é ainda deles que sai a maioria absoluta das informações que norteiam o debate público das sociedades, inclusive nos blogs e sites que os contestam.

Como enfrentar esse uso indevido e não pago do trabalho jornalístico é uma das questões a que os administradores das empresas, com o auxílio de seus advogados e equipes de tecnologia, precisam se dedicar de maneira mais eficiente para ajudá-las a sair da crise.

Outra é a de como convencer anunciantes de que a publicidade digital vale o investimento. A publicidade no veículo impresso é muito mais cara do que a no espaço digital, mas segue sendo a preferida pelos anunciantes. A digital não se provou ainda suficientemente capaz de motivar o consumidor. Os aplicativos que barram a publicidade digital tornam ainda mais difícil a venda de anúncios nessas plataformas. Os anunciantes têm preferido instrumentos que lhe dão acesso a pontos de venda ou permitem manter contato direto com os consumidores em vez de usar a alternativa das edições de jornalismo digital.

Entre as propostas de mudanças no jornalismo para mantê-lo vivo há as que defendem sua transformação em empreendimento sem fins lucrativos. Alguns sugerem que jornais e revistas sejam incorporados a universidades (no caso brasileiro, essa possibilidade não deve encontrar muitos apoiadores, tendo em vista a situação pré-falimentar de muitas delas, inclusive muitas das melhores) ou incorporados como fundações públicas (à semelhança, por exemplo, da BBC inglesa ou da PBS americana em rádio e TV).

Outros acham que a saída deve vir do financiamento público (governos subsidiariam a assinatura de jornais por cidadãos que o desejassem). Essa saída vem sendo tentada na França, onde o Estado paga assinaturas de jornais para serem distribuídos em escolas. Mas o perigo de instrumentalização dos jornais pelo Estado ou pelos partidos no poder é evidente e perigosíssima. Para contorná-la, os partidários dessa alternativa dizem que o subsídio viria na forma de um voucher, que o beneficiário poderia utilizar para pagar pelo jornal de sua preferência. Ou, como ocorreu na Noruega, que o Estado isente todos os jornais do pagamento de imposto sobre valor agregado e ainda lhes conceda subsídios diretos proporcionais a sua receita publicitária e de circulação paga. Ainda assim, contudo, os riscos de manipulação estatal do conteúdo permaneceriam imensos.

Embora a crise do jornalismo seja basicamente de gestão, é claro que há componentes técnicos que a agravam e que poderiam atenuá-la se os jornalistas fossem, também eles (além dos administradores), mais competentes ao lidar com a disrupção digital. É muito mais complicado lidar com um público que deixou de ser mero receptor e que pode, ele próprio, ser também emissor para grandes quantidades de pessoas.

Essa é uma das grandes características do jornalismo contemporâneo. No passado, sempre que alguém quisesse falar a grandes contingentes de pessoas tinha de obter enormes recursos financeiros ou se associar a grupos políticos ou econômicos poderosos. Agora, não. As tecnologias digitais são muito baratas e praticamente qualquer um pode atingir milhões.

Em geral, os jornalistas têm se incomodado com o protagonismo do leitor não mais passivo (ou circunscrito às cartas à redação). Os comentários, os blogs, os sites críticos incomodam muita gente. E a diversidade de fontes para o antigo público cativo incomoda muito mais. A audiência agora dispõe de múltiplas alternativas em diversas plataformas. Trata-se de uma audiência multifacetada, que consome informações em velocidade rapidíssima, quase estonteante, e não fica à espera do que o jornal, impresso ou digital, prepara devagar para ser pacientemente digerida como no passado.

A urgência de colocar no ar uma informação (como se o "furo" ainda tivesse tanta importância) prejudica, às vezes de modo dramático, a precisão das informações que chegam ao público. Chegou-se a noticiar, por exemplo, que um avião (com o nome da empresa) havia caído nas imediações do aeroporto de Congonhas, em São Paulo, quando o que tinha ocorrido havia sido uma explosão num posto de gasolina próximo.

Por outro lado, para o jornalista talvez nunca tenha sido tão fácil, rápido e eficaz obter informações e transmiti-las como hoje. Em 1987, as tecnologias mais modernas para enviar matérias para as redações eram o fax e o telex, que tinha os mesmos custos exorbitantes das ligações internacionais. Ambos tão obsoletos quanto o teletipo do início do século xx, cuja campainha de alerta ainda se ouvia nas redações no final dos anos 1980, quando as agências internacionais de notícias avaliavam ter algo muito importante para ser veiculado. Esses eram os meios de os correspondentes internacionais mandarem suas matérias para a sede.

Atualmente, um jornalista não precisa muito mais do que um telefone celular e seu carregador de bateria para realizar suas tarefas, enquanto há 30 anos precisava de uma parafernália pesada e cara. Com o celular, ele obtém dados que no passado requereriam longas pesquisas em arquivos e bibliotecas; consulta mapas e obtém roteiros para chegar a seu destino; digita e envia seus textos; fotografa, filma e manda as suas fotos e filmes; entrevista fontes pessoalmente, gravando-as, ou a distância, vendo-as em sua tela.

Três décadas atrás, os terminais de computadores acabavam de chegar às redações, apesar da resistência de muitos jornalistas (talvez a maioria), que formam uma categoria profissional eminentemente conservadora, ainda fiéis a suas máquinas de escrever e laudas. Os laptops eram raros, pesados e lentos. A rede americana CNN estava na primeira infância, e para captá-la e a outras emissoras do exterior, os jornais brasileiros tinham de investir muito dinheiro em parabólicas gigantescas que recebiam sinais fracos e instáveis.

Os problemas técnicos de adaptação de jornalistas à nova realidade digital ocorreram em todas as fases do processo de produção de conteúdo, mas se concentram em especial na fase de edição, depois que as matérias chegam às redações. É querer perder leitores insistir em informar no dia seguinte, 12 ou mais horas após o fato ter acontecido, algo que todo mundo já sabia antes de ter ido dormir, como os jornais impressos brasileiros continuam a fazer todos os dias (e os digitais costumam demorar um tempo enorme, para o ritmo do público jovem, para atualizar suas páginas de entrada).

Além disso, em grande parte devido à contração do número de profissionais nas redações, a qualidade média das edições dos jornais e revistas vem caindo de modo impressionante. Os revisores foram eliminados da indústria (e só Deus e os mais velhos sabem o quanto se deveu a eles a qualidade dos jornais do século XX). O empobrecimento das escolas de ensino básico, médio e superior e da cultura geral verificado em anos recentes piorou ainda mais uma situação que já não era boa há 30 anos.

No Brasil, a língua utilizada nos textos guarda ainda alguma semelhança com o português, mas se distancia mais a cada dia de sua norma culta. Erros de sintaxe, regência verbal e nominal, colocação pronominal e adverbial, crase, ortografia, concordância verbal, que teriam feito corar ou morrer de vergonha qualquer editor em 1987 (ou principalmente antes), agora são corriqueiramente impressos (e ainda mais comumente colocados na internet ou na TV e no rádio) até nos veículos líderes. Sem falar na enorme dificuldade verificada em muitos textos de o autor conseguir se expressar de modo lógico e compreensível. Esse aspecto da crise do jornalismo é irritante, mas não é o que mais importa, ainda que textos sejam redigidos tão tortuosamente que obrigam o leitor a reler (às vezes mais de uma vez) para apreender seu sentido.

Entre as possíveis saídas que administradores de empresas jornalísticas têm tentado está a da ênfase no que se chama de "publicidade nativa", que é apenas uma expressão nova para o antigo publieditorial ou matéria paga. É o anúncio disfarçado de jornalismo. Esse tipo de artimanha constitui risco que nenhum profissional sério de jornalismo deve aceitar.

Outra alternativa perigosa é a junção de redação e publicidade sob um só comando, que derruba a sagrada separação Igreja/Estado, que tem sido um dos princípios básicos para manter a saúde jornalística dos veículos. Enganar o consumidor nunca vai resultar em nada de útil para a empresa jornalística nem para a sociedade.

O fundamental é preservar a prática profissional como ela deve ser. Ou seja: manter o jornalismo independente, imparcial, na defesa do interesse público, no controle dos poderes econômicos e políticos por meio de reportagens investigativas bem apuradas, feitas com sentido de justiça e com a garantia de que todos os lados relevantes de um assunto sejam ouvidos e tenham suas declarações reproduzidas corretamente.

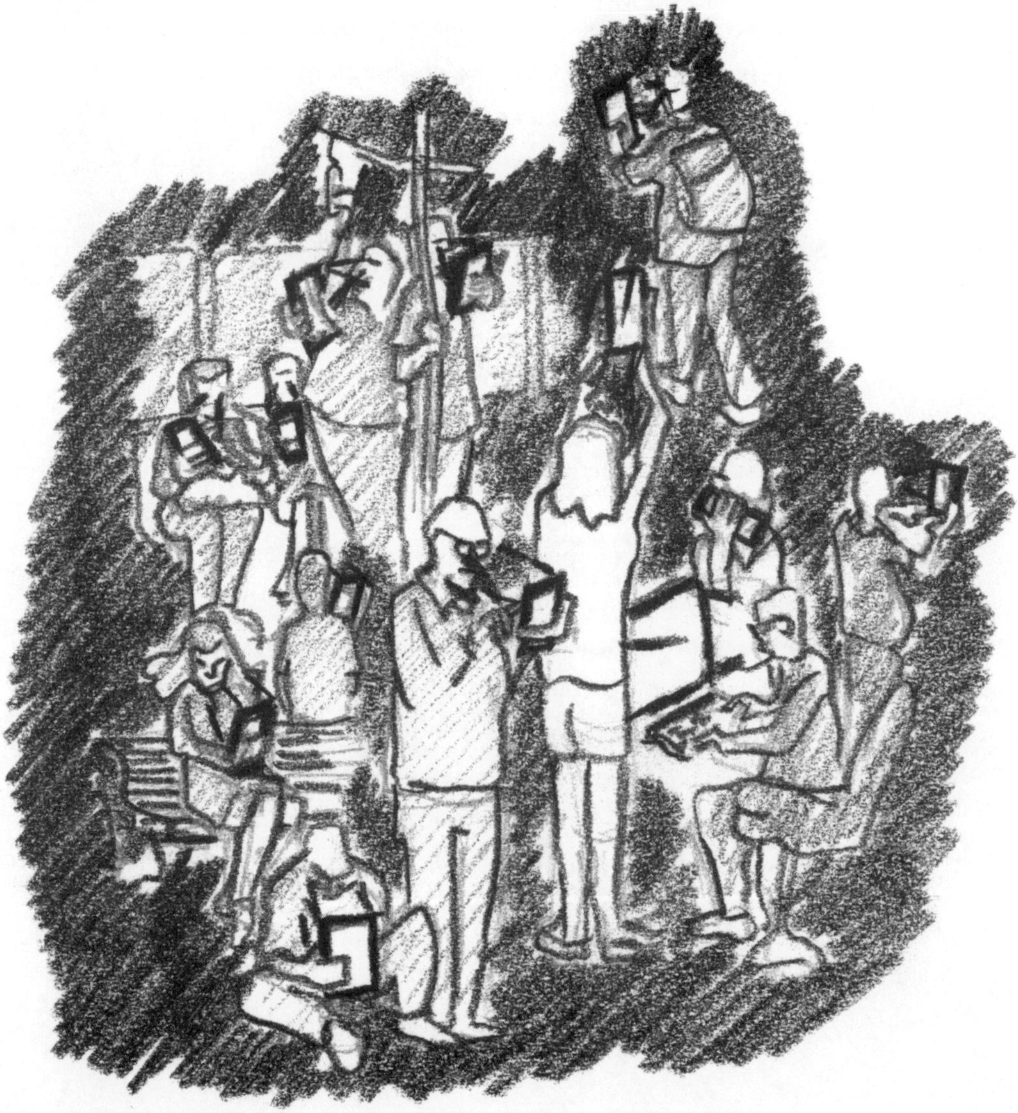

Novas mídias

Arlete Salvador

O adjetivo *disruptive*, em inglês, diz mais do que destrutivo, uma possível tradução em português. É mais denso, mais forte, mais complexo. Descreve um processo de ruptura tão intenso que não deixa pedra sobre pedra. "Destrutivo" passa a ideia de terra arrasada de onde nada se aproveita. Já *disruptive* indica uma embaralhada geral, mas com todas as coisas fora de ordem ou em outra ordem. Como vem acontecendo com a forma como nos comunicamos desde a popularização da internet, na década de 1990, e do surgimento das redes sociais, dez anos depois. Estamos (nós, produtores de conteúdo, empresas, acadêmicos, *publishers*) no meio da correnteza, bebendo água pelo nariz, lutando para sobreviver, agarrando-nos a pedaços de madeira à deriva. *Disruptive, really*.

E agora? Calma. Vamos recuperar o fôlego. A tormenta da internet e das redes sociais veio para ficar. Não tem mais volta. A pasta saiu do tubo. O leite derramou. A chapa esquentou. Ou qualquer outro lugar-comum para dizer que a vida mudou. Nada de resistir, xingar, amaldiçoar ou negar. Entregue-se à correnteza. Assim, com humilde aceitação e o coração desacelerando, dá pra olhar o cenário ao redor sem desespero. Vamos descobrir, olha só, que tormentas iguais – ou até piores – já causaram muita disrupção na maneira como o homem se comunica entre si e com o mundo. Não serve de consolo, mas ajuda a entender o momento e a discutir o futuro.

Podemos começar, por exemplo, com o impacto radical causado pela primeira impressora. Não a impressora a laser, *prestenção*, mas a industrial de Johannes Gutenberg, de 1450. Aquilo, sim, foi muito *disruptive*. O inventor alemão abalou as estruturas da comunicação humana. Antes dele, as informações estavam acessíveis apenas a um pequeno círculo de letrados e poderosos instalados em castelos e igrejas. Livros e documentos eram escritos à mão, um por um. Já imaginou? Gutenberg acabou com essa exclusividade.

A criação da primeira impressora industrial deu início à era da comunicação de massa, tornando a informação acessível a um número maior de pessoas ao mesmo tempo e de forma muito mais rápida. Democratizou a informação, diríamos hoje. O invento de Gutenberg abriu caminho para o Iluminismo e garantiu a difusão e popularização do conhecimento. Poderosos de então também devem ter se sentido perdidos no meio da tormenta, assustados por ter de dividir o poder (sim, informação é poder) com o resto da população.

Depois veio a televisão, lá nos anos 1950, para ficar apenas em dois exemplos de disrupção do passado. Parece bobagem hoje? Pois mudou tudo. As pessoas deixaram as rodas de conversa na sala de estar e nas calçadas para se sentarem no sofá e verem televisão por horas a fio. A informação passou a chegar por meio de imagens, tornando-a mais real, mais próxima e crível. As mudanças culturais se aceleraram e se multiplicaram. Modismos, notícias da guerra, direito das mulheres, pílula anticoncepcional? Toda a efervescência dos anos 1960, a Guerra do Vietnã, o movimento *hippie*, tudo chegou aos nossos lares pelas telas de TV. Informação direto na veia, sem direito a *feedback*.

A televisão também se popularizou. No Brasil, praticamente todos os cidadãos têm um desses aparelhos em casa. Estão atrasados na era dos smartphones 4G? Certamente, mas os números reforçam a importância e a influência da televisão na vida em sociedade e nas mudanças de comportamento ao longo dos anos. Ainda vai demorar até que a onda disruptiva digital se popularize de forma a competir com o alcance da telinha fixa. Não é por outra razão que as campanhas eleitorais ainda são ancoradas na propaganda gratuita de televisão. Político não dá ponto sem voto. Mas é certo que a força da correnteza da comunicação virtual virá em larga escala mais dia menos dia.

A comunicação horizontal

Depois de muitos anos atordoados pela disrupção causada pela internet e suas redes sociais, fornecedores de conteúdo reuniram as forças para sobreviver nesse ambiente hostil. Era preciso reagir. Se não pode vencer o inimigo, junte-se a ele. Decifre-o. A primeira providência foi aceitar a novidade, reconhecer-lhe as vantagens e, valendo-se de suas fraquezas (sim, as há), oferecer alternativas a um novo perfil de consumidor de informações. Gutenberg, lá em 1450, também tirou o doce da boca de muita gente ao botar no mercado a primeira impressora industrial. O mundo não parou por causa disso. Mudou.

A onda *disruptive* deixou a área de comunicação fora daquela ordem confortável em que o emissor da mensagem não dava satisfações a ninguém. Com o peso de um título acadêmico, diploma de doutor, cargo público ou dinheiro, tinha autoridade para falar sobre qualquer coisa – obedecia quem tinha juízo. Quem manda na informação agora?

Quem dá as ordens? Qualquer um com acesso a smartphones e aos terminais de computador em cafés, escolas, lan houses, praças e parques. Pessoas comuns, consumidores comuns, indivíduos comuns sem título e cargo (já não dá para perguntar "fulano de onde?") falam direto com CEOs, empresas, políticos, estudiosos, especialistas, emissoras de televisão, escritores, jornalistas. Seus comentários são públicos, abertos, imediatos.

O relacionamento horizontal revelou um receptor da mensagem que quer ser ouvido. Mais do que isso. Quer participar do que está sendo noticiado, informado, transmitido. Quer interagir, para usar uma palavrinha muito em voga nesse mundo. O novo paradigma de relacionamento ignora fronteiras geográficas e linhas do tempo. A aldeia global, antecipada pelo teórico da comunicação de massa dos anos 1960, o canadense Marshall McLuhan, ao se referir ao impacto da televisão na vida cotidiana, chegou a um estágio mais avançado. As redes sociais são portas virtuais escancaradas – para o bem e para o mal.

O resultado da interatividade pôs em xeque detentores tradicionais da informação e da opinião, como a imprensa, os governos, os partidos políticos e sindicatos, as associações de classe, a academia. Novos atores sociais surgiram para dividir o palco com essa turma. Uma garotinha de 13 anos virou autoridade em educação ao alcançar notoriedade nacional com posts críticos na web sobre acontecimentos na sala de aula. Angariou milhões de seguidores, atraídos pela sua habilidade em transformar comentários locais em temas globais. Celebridades instantâneas como ela desbancaram líderes de opinião até então incontestáveis. *Disruptive, really.*

A instantaneidade e a conectividade dos meios digitais desequilibraram o balanço de forças porque interferiram numa área refratária à participação e às críticas externas. Apesar da impressora de Gutenberg, a informação continuava a ser produzida e distribuída por uma elite que parecia saber o que era bom para o restante da humanidade. Deuses do Olimpo da televisão e da imprensa, das empresas privadas e de organizações de classe ditavam regras, conceitos e comportamentos sem interrupção ou questionamento. A nova geração digital passou por cima desse sistema sem dó nem piedade, inserindo uma nova pauta de interesses nos debates. Apesar da disrupção, é preciso reconhecer que novos ares fizeram tremer a onipotência e a arrogância.

O aspecto negativo dessa disrupção é o caráter personalista de muitos dos novos agente sociais. Como não falam em nome de uma organização, tornam-se produtos de marketing individual, reproduzindo on-line hábitos de seus pares do mundo real. Vendem mais a própria imagem do que o conteúdo de suas inserções digitais. Muitos são engraçadinhos, criativos, moderninhos, mas superficiais, comerciais e, não raro, desinformados. Ganham rios de dinheiro de patrocinadores e anunciantes. Alguma novidade nisso?

Além disso, já ficou demonstrado que revoluções não acontecem on-line, apesar de todo o apelo político do uso das redes sociais em momentos de crise e transformação social. Elas funcionam como motores de mudanças, mas não fazem mudanças concretas. Dar um *like* numa postagem a favor de uma causa qualquer, instalado no conforto do quarto, não é participação social e política. No máximo, é fingir engajamento social e político à espera de que outros lutem pela causa. Mudança mesmo só ocorre quando alguém larga o computador para comparecer à praça pública para demonstrar o seu engajamento.

A sociedade do conhecimento

A internet e as redes sociais dão sinal de maturidade, depois da adolescência avassaladora, descontrolada e alucinante. A correnteza da era digital parece estar levando os estropiados sobreviventes a um lago mais tranquilo – embora não menos desconhecido e de profundidade ainda incerta. Nele, por mais incrível que pareça, a qualidade do conteúdo aparece como aspecto central de uma nova sociedade. Não mais a sociedade da informação, mas a do conhecimento.

Um dos sintomas desse amadurecimento apareceu primeiro no comportamento de celebridades da web. Em busca de reconhecimento e legitimidade – até para se diferenciarem de cópias no ciberespaço – aproximaram-se do mundo real da comunicação. Há muitos casos de blogueiros e vogleiros de sucesso na web que lançaram livros no tradicionalíssimo formato impresso, mesmo que produzidos por *ghost-writers* bem pagos. Se tá impresso, deve ser verdade, certo? Outros escrevem artigos para jornais impressos, participam em programas de rádio, fazem palestras e dão seminários. Assim tentam se apropriar de valores como credibilidade, seriedade e legitimidade ainda associados aos meios tradicionais de comunicação.

A principal razão para esse movimento de amadurecimento, entretanto, é mais prosaica: o excesso de informação no ciberespaço. Ficou tão fácil e barato inserir informação na rede que acabamos perdendo controle sobre o que está disponível. Bilhões de mensagens em forma de e-mails, posts diversos, fotos e vídeos circulam por dia na web sem contextualização, avaliação e destino certo. Estamos sendo sufocados pelo peso desse material avulso e desconectado. Assim, finalmente, chegou a hora de separar o joio do trigo.

Neste momento surge a pergunta crucial: afinal, o que é mesmo importante a ponto de ser guardado para sempre e preservado para a formação das próximas gerações? Outra: como contextualizar esse conteúdo de forma racional e organizada? Mais uma: como e onde arquivar esse material todo, o material que vale a pena ser guardado, veja bem, se a nuvem é finita, custa caro e gera prejuízo ambiental? Como serão as bibliotecas (ou que outro nome tenham os arquivos digitais) do futuro? Dúvidas que devem ter permeado o universo de Gutenberg no século XV, quando milhares de documentos começaram a ser impressos ao mesmo tempo.

Aos que se entregaram à correnteza digital e sobreviveram (que outro jeito?), as últimas tendências servem de unguento para as feridas causadas pela descida abrupta. A sociedade da informação desenfreada abre espaço para a sociedade do conhecimento. As informações estão ao alcance de todos por meios digitais em qualquer lugar do mundo e a qualquer hora. Basta conectar-se. Já passamos dessa fase. Daqui para a frente (muito à frente, talvez) entraremos na era do conhecimento, da inteligência e da habilidade de relacionar fatos, interpretá-los e modificá-los.

Provavelmente, você terá de chamar um curador para fazer isso. Como? Sim, um curador digital, mas ainda um curador, como os curadores de exposições de arte, você entendeu direito. Profissionais e empresas responsáveis por filtrar, selecionar, avaliar, conferir e contextualizar tudo o que aparece na web. Alguns fazem isso para atender melhor os clientes, oferecendo-lhes informação de boa qualidade. Outros, como forma de apontar o que realmente merece ser lido, considerado e preservado da terra de ninguém das redes sociais. O algoritmo que seleciona preferências na web, sugerindo músicas, filmes, produtos, temas e amigos aos desavisados, quem diria, encontrou um competidor de carne e osso.

Parece bom demais para ser verdade? E é. Apesar da bonança, o caráter *disrupitve* da comunicação digital exige atenção redobrada e constante. Não dá para baixar a guarda, porque a pasta já saiu do tubo, a chapa esquentou, o leite derramou. Outra surpresa pode estar a caminho com força para embaralhar o cenário anterior e derrubar certezas sem deixar pedra sobre pedra, alterando a ordem dos personagens, das coisas e dos lugares. Pois uma das características que distinguem essa tormenta daquela que dizimou os produtores de conteúdo da Idade Média com o surgimento da primeira impressora industrial é a velocidade da transformação e da disrupção. Lá se vão menos de três décadas nessa correnteza, mas parecem mil. Segura firme que a aventura mal começou.

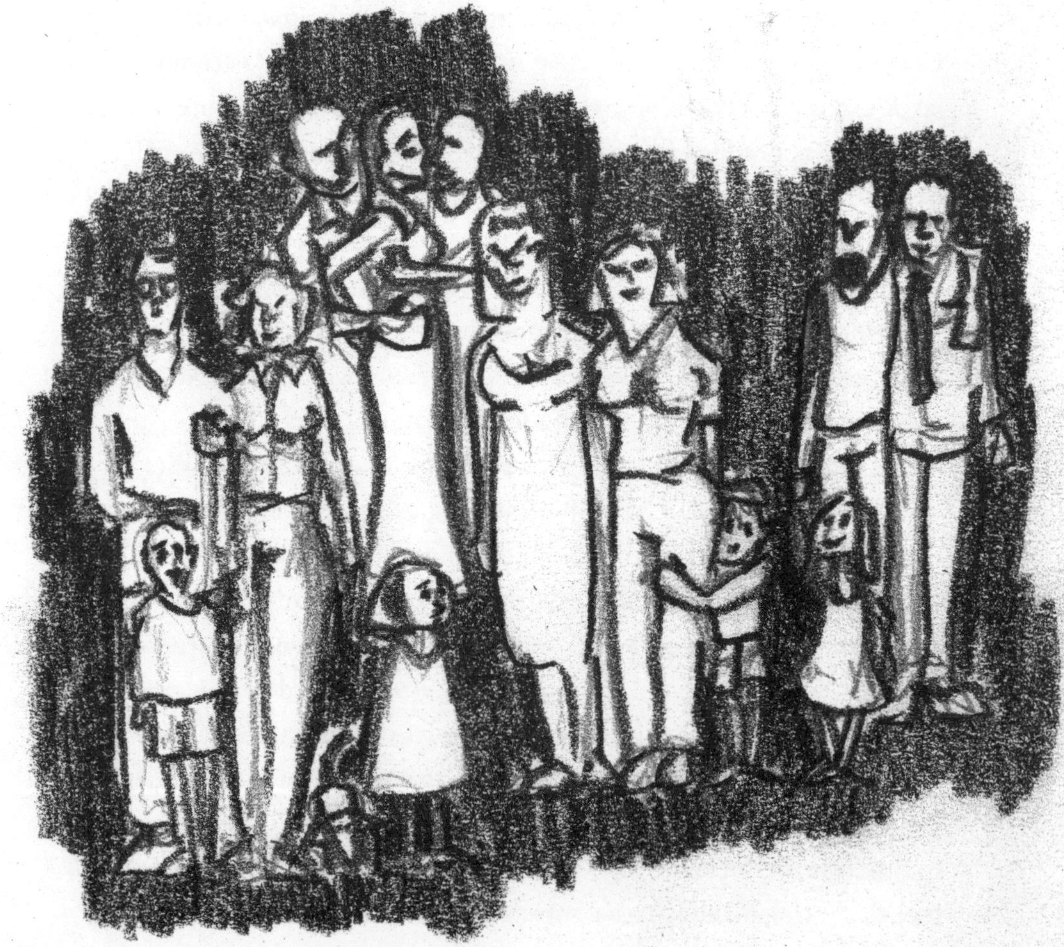

Família

Ana Scott

Família pé de feijão, família simultânea, família eudemonista, família mosaico, entidade familiar, união homoafetiva, homoparentalidade, poliamorismo, união poliafetiva, avosidade, geração canguru, geração nem-nem, geração sanduíche...

Há 30 anos não se ouviam essas expressões. Elas são apenas alguns dos termos usados hoje para identificar, descrever, entender e discutir a família e as relações construídas entre os indivíduos que compartilham experiências de afetividade. Ao longo das próximas páginas vamos retomar cada um deles para discutir o processo de transformação que a família tem passado nas últimas três décadas, período que coincide com os primeiros 30 anos de existência da Editora Contexto.

Veremos que a vivência em família hoje está muito diferente daquela que predominava até os inícios da década de 1980, quando o casamento entre um homem e uma mulher constituía a "fundação" da família, que tinha a finalidade principal de garantir a descendência.

Já dá para perceber, então, que a família é um assunto instigante, desafiador e polêmico... Não só é tema de conversas informais entre parentes e amigos (pois cada um tem a sua), mas integra o horizonte de interesse de diferentes campos de estudo como a Demografia, a História, a Sociologia, a Antropologia, o Direito, a Medicina, a Psicologia, a Religião.

Esse interesse tão disseminado não é somente o resultado do papel que, histórica e tradicionalmente, tem sido atribuído à família. Deve-se em grande medida às mudanças profundas, velozes e irreversíveis que ela vem passando, se considerarmos as décadas mais recentes. E isso não é exclusividade da sociedade brasileira.

Seria o caso de se afirmar que a família está sendo "reinventada"? Se assim for, o mais adequado é usar o termo no plural: famílias.

Por conta dessas constatações, o desafio que me foi colocado é grande: discutir a(s) família(s) no Brasil. Como "muita água rolou por debaixo da ponte", não se pretende esgotar o tema nas poucas páginas deste capítulo. Pretendo, sim, apontar algumas linhas de reflexão, considerando essa tão propalada mudança, assim como os avanços e retrocessos (sim, vivemos alguns) que os brasileiros e as brasileiras têm se defrontado quando o assunto é família, a de cada um e a de todos!

Como pensar o Brasil e a(s) família(s) nos últimos 30 anos?

Depois de duas décadas em que se registraram muitas conquistas, a sensação vivida por distintos setores da sociedade é a de um enorme retrocesso nos últimos anos, acompanhado por um desencanto e a desconfortável percepção que estamos longe de ver uma luz no fim do túnel.

Nesse cenário, a família tem um lugar de destaque, já que tem protagonizado debates e tem sido alvo de transformações e de ações importantes em diversas instâncias. Vou explorar algumas destas "idas e vindas" que ilustram com clareza as mudanças que têm caracterizado as relações e as tensões entre sociedade, indivíduos e famílias.

Fim da família "tradicional"?

Desde finais do século XIX e ao longo de grande parte do século XX se consolidou e predominou o modelo de família baseado no ideal de um casamento heterossexual, monogâmico e indissolúvel, que visava, através da geração de filhos, garantir a reprodução dos indivíduos e das famílias. Nesse modelo, os papéis estavam "naturalmente" definidos, e o ideal do pai/provedor e da mãe/dona de casa estruturava e constituía "a família".

Prevalecia a expectativa de união do tipo "até que a morte os separe". Não custa lembrar que antes da instituição do divórcio no Brasil (1977), a dissolução do casamento, através do desquite, não permitia que as pessoas se casassem novamente. Portanto, a institucionalização do divórcio entre nós, foi um "golpe" importante nessa família "tradicional", onde a mulher ocupava a posição de "rainha do lar" e de "mãe em tempo integral", com expectativas quase nulas de realização fora do ambiente familiar/doméstico. De lá para cá, a mudança foi enorme.

Até início dos anos 1980, a grande maioria da população brasileira vivia em domicílios formados por casal com filhos. Embora a queda desses arranjos já se anunciasse, a maior parte dos brasileiros continuava a viver daquela maneira. A virada importante registrou-se na primeira década do século XXI, quando o arranjo composto de casal e filhos caiu para menos da metade, queda significativa em 30 ou 40 anos.

Paralelamente à queda dos domicílios compostos por casal e filhos, cresceu a participação daqueles encabeçados por mulheres.

No censo de 2010, mais de um terço dos domicílios tinham como responsáveis mulheres (com ou sem cônjuge/com ou sem filhos).

Brasileiros e brasileiras vivem mais e têm menos filhos. Para termos uma ideia, a expectativa média de vida ao nascer aumentou bastante. Segundo o Instituto Brasileiro de Geografia e Estatística (IBGE), o ganho nesse quesito, considerando o intervalo entre 1980 e 2014, foi de 13 anos, pulando de 62 para 75 anos!

A queda da fecundidade também foi forte. Nos anos 1970, eram quase seis filhos em média; em 1980, quatro. Em 2010, despencou para menos de dois. Ou seja, a fecundidade declinou de maneira acelerada, inclusive situando-se abaixo da taxa de reposição (2,1 filhos em média). Isto quer dizer que, já há ou haverá, em um futuro próximo, redução da população no país, se outros fatores, no futuro, não intervierem nesse quadro.

O casamento e a maternidade passaram a ocorrer mais tarde. No final da década de 1980, as mulheres se casavam, em média, aos 23 anos e os homens, aos 25. Hoje eles se casam aos 30 anos em média e elas, aos 27.

Os filhos também chegam mais tarde. Em 2000, por exemplo, ao se considerar a faixa das jovens adultas (25 a 29 anos), perto de 70% delas já tinham filhos. Em 2010 essa proporção havia caído para 60%.

A escolha de não ter filhos também tem crescido. Segundo dados da Pesquisa Nacional por Amostra de Domicílios (PNAD), em 1996 casais que faziam essa opção correspondiam a 13%. Quinze anos depois já somavam 17% (2011). Casais nessa situação são identificados pela sigla DINC ("Duplo Ingresso, Nenhuma Criança" é a tradução do termo em inglês DINK - *Double Income, No Kids*). Além de não desejarem prole, têm maior nível de escolaridade e maior renda familiar (duplo salário), quando comparada aos demais arranjos familiares.

O número de divórcios também cresceu. Em números absolutos, o IBGE registrou pouco mais de 30 mil divórcios em 1984 (sete anos após a legalização do divórcio), enquanto em 2014 o número de divórcios registrados havia aumentado mais de 10 vezes. Somente nos últimos 10 anos (2004-2014) os divórcios aumentaram 160%.

Embora mais casamentos se desfaçam, as pessoas continuam se casando. Aumentou, assim, o número dos chamados "casamentos ou uniões sucessivas", pois as pessoas buscam recompor a família. Esses recasamentos, muitos deles fomentados pelos divórcios, ajudam a aumentar o número das famílias que juntam parceiros que passaram por uniões anteriores com filhos e que, diante dos relacionamentos sucessivos, escolhem ter filhos com os novos parceiros. É o arranjo familiar que junta "os meus, os seus" e *produz* "os nossos". Por se constituir a partir da pluralidade das relações parentais, ela é identificada como "família mosaico".

E como as pessoas escolhem se casar nos dias de hoje? No religioso? No civil? Nas últimas décadas, o número das uniões que se realizavam no civil e no religioso caiu, assim como as uniões realizadas apenas no religioso. As uniões realizadas apenas no civil mantiveram-se nos mesmos patamares nesses últimos 30 anos.

A mudança mais significativa no nosso padrão de nupcialidade foi o aumento substancial das uniões consensuais. Elas triplicaram em 30 anos (passaram de 12% para 36%). Hoje, portanto, boa parte das pessoas que têm relacionamentos de tipo conjugal opta por se "juntar"...

Mas esse aumento esconde uma realidade interessante... Se analisarmos apenas os dados para a primeira década do século XXI, verifica-se que houve crescimento do casamento. A hipótese que pode explicar essa tendência recente está ligada aos incentivos do Código Civil de 2002. A partir dele foram reconhecidas diferentes formas de união e abriu a possibilidade de realização de casamentos coletivos. A combinação desses fatores facilitou o acesso ao serviço do registro civil, favorecendo a legalização das uniões.

Por outro lado, e em termos mais abrangentes, também não podemos deixar de lado as mudanças na posição e no papel da mulher dentro da família e do domicílio. Explorarei essa questão mais para frente.

Porém, outros fatores também têm impacto na organização das famílias. Entre eles, as mudanças na estrutura por idade da população brasileira. Entre 1980 e 2010, registrou-se o aumento do grupo de pessoas maiores de 65 anos, em relação ao total da população (de 4% para 7%), que resulta do aumento da expectativa de vida. Paralelamente, ocorreu a diminuição do grupo de pessoas entre 0 e 14 anos (38% para 24%). A soma desses fatores contribuiu para o processo de envelhecimento que vem caracterizando a nossa população. Por decorrência, o crescimento da população idosa demanda da família maior atenção no cuidado desse contingente de maiores de 65 anos, além de exigir ações do Estado, por meio de políticas públicas.

As mudanças até aqui apontadas, que colocam em xeque a "família tradicional", provavelmente, são as de mais fácil "medição". Mas, definitivamente, não dão conta de todas as transformações nas famílias, nas últimas décadas.

Não dá para deixar de lado questões como a persistente desigualdade entre homens e mulheres e as alterações nos valores, que vem afetando a sociedade brasileira e abalando a chamada "família tradicional".

A persistência da desigualdade

Muitas das transformações que vêm ocorrendo estão intimamente ligadas aos novos papéis que as mulheres passaram a ocupar na sociedade brasileira. Embora essas modificações ainda não tenham assegurado a desejada e necessária igualdade entre homens e mulheres, não é possível deixar de analisar tais alterações e o efeito delas nas famílias.

Temos que considerar, assim, a crescente inserção das brasileiras no mercado de trabalho, o maior acesso delas à educação, as mudanças nas relações entre homens e mulheres, assim como a busca pela equidade de gênero.

Em décadas recentes, os avanços foram muitos no acesso à educação. Nesse quesito, o "prato da balança" favorece as mulheres, por exemplo, no que diz respeito ao número de matrículas no ensino médio e superior. Elas não apenas estão matriculadas em maior número do que os homens, mas elas são maioria entre os egressos. E isso já ocorria em 2008.

No mercado de trabalho, elas também vêm aumentando a sua participação, especialmente se considerarmos que hoje as famílias com dupla renda tendem a se tornar numericamente mais significativas, para atender as mudanças no estilo de vida e nos níveis de consumo, que dependem cada vez mais do rendimento de, pelo menos, dois adultos. De acordo com o censo de 1970, menos de um quinto das mulheres era "economicamente ativa". Já em 2010, esse número alcançou quase a metade, gerando um processo de feminização do mercado de trabalho (embora haja variações importantes segundo o critério de cor/raça ou grau de escolaridade, mas aqui a intenção é analisar o quadro mais amplo).

Outro dado revela que a participação feminina em cargos de liderança nas empresas mais que dobrou entre 2002 e 2015.

De outra parte, é importante ressaltar que sua educação e sua inserção no mercado de trabalho revelam peculiaridades, especialmente se levamos em consideração as áreas gerais de formação no ensino superior. Entre as mulheres de 25 anos ou mais, esse grupo se concentra nas áreas da educação e de humanidades e artes, que apresentam menores rendimentos mensais médios entre as pessoas ocupadas.

Há também outras disparidades importantes. Além de ter salários médios mais baixos que os homens, elas podem receber menos, ainda que exerçam a mesma função. Essa defasagem pode aumentar quanto maior for o grau de escolarização.

Podemos afiançar ainda a crescente importância das mulheres na manutenção da casa e da família. As mulheres estão ocupando posições que antes eram exclusividade dos homens, não apenas em termos profissionais. Elas estão aumentando a participação como *principais* provedoras da casa e da família: seja porque os seus parceiros não tem remuneração alguma ou porque elas ganham mais do que eles.

Dados da PNAD nos dão a medida dessa participação, através da variável "pessoa de referência", isto é, "aquele ou aquela" que ocupa o lugar de principal provedor(a), com rendimentos superiores a 50% do que é auferido pelo casal (casais com dupla renda). Em 2004, elas eram as pessoas de referência em menos de um quinto dos domicílios, esse montante já havia dobrado em 2012.

Tudo somado, essas mudanças minaram os papéis de "rainha do lar" e de "mãe em tempo integral", que a mulher desempenhava na família tradicional, que ainda foram embalados por alterações na esfera da sexualidade e/ou do comportamento sexual. Nesse caso, especialmente importante foi a separação entre a procriação e o sexo, a partir da disponibilização de meios contraceptivos mais eficientes (a pílula anticoncepcional, por exemplo, passou a ser comercializada no Brasil no início da década de 1960). Sem dúvida, isso deu às mulheres o poder de decidir se querem ser mãe e quando.

Para alguns machistas, ainda que enrustidos, isso pode assustar! Até para aqueles que aceitam com mais elegância e naturalidade essa mudança, o fato de as mulheres se tornarem provedoras principais é um sinal, para lá de gritante, de que as coisas estão mudando, e muito!

Mas não podemos nos iludir com esses indicadores. Temos que ter em conta um quadro mais alargado. Essas conquistas não significam que a equidade entre os gêneros foi plenamente alcançada.

Embora, hoje, homens e mulheres tenham uma posição mais igualitária, não apenas na sociedade conjugal, como na família, ainda estamos longe de ter alcançado o tratamento igual, no dia a dia, para ambos os sexos. Em situações muito corriqueiras percebe-se que a equidade de gênero no Brasil, como já foi dito, é uma revolução inacabada.

Dos velhos e novos valores

Há outros elementos que chamam a atenção para os *valores* que dão sentido não apenas às relações entre homens e mulheres, como às relações familiares que se estabelecem nos dias de hoje. Eles podem revelar uma realidade interessante sobre a ainda incompleta equidade de gêneros.

Volto à questão dos novos papéis desempenhados pelas mulheres, como "principais provedoras". Como referi, hoje se usa o termo "pessoa de referência", ao invés do termo "chefe" de família (posição tradicionalmente ocupada pelos homens).

A partir da PNAD de 1992, a "pessoa de referência" passou a ser definida pelos próprios entrevistados, com base em sua *percepção* e não necessariamente por um critério econômico financeiro.

Com base nessa *percepção*, os dados de 2004, revelaram que 93% das famílias com casais declaravam um indivíduo do sexo masculino como responsável. Mais curioso ainda é saber que entre os mais de 2 milhões de casais nos quais os rendimentos femininos eram superiores aos masculinos, a *responsabilidade foi atribuída* à mulher em escassos 13% deles!

Nesses domicílios em que as mulheres ocupam a posição de provedora das famílias, 95% delas despendiam, em média, 21 horas semanais nas tarefas da casa... Entre os seus companheiros, por outro lado, apenas

65% declararam se dedicar a esses afazeres, gastando em média, 11 horas semanais. Se comparados aos maridos "provedores", vemos que 52% deles gastavam menos de 10 horas semanais. Portanto, o fato de ser provedora ainda não exime as mulheres dos encargos da casa e, pior ainda, os companheiros não fazem questão de incorporar essas tarefas e dividir equitativamente essas responsabilidades, quase repetindo o que ocorre nos casos em que o homem ainda é o provedor principal.

Percebemos que, apesar de todas as "conquistas" obtidas pelas mulheres nas últimas décadas, há que se considerar a "variável cultural" que permanece firme e forte, relegando a mulher ainda a um papel secundário na hierarquia interna da família (e da sociedade), mesmo que ela esteja acumulando, sobre seus ombros, a responsabilidade dos cuidados com a casa e com a família, que agora também se soma com a provisão financeira do grupo familiar.

Por outro lado, não podemos negar que novos valores e símbolos passaram a fazer parte da vida familiar de todos os indivíduos, ajudando a dar sentido aos novos modelos de família. Vejamos alguns deles.

Se há algumas décadas a família era altamente institucionalizada, considerada a base da estrutura social, em tempos recentes passamos a conviver com uma grande diversidade de tipos de família, que são "construídas", fundamentalmente, por redes de relações entre indivíduos. A pergunta é: que forças sociais impeliram mudanças na prática das relações familiares nos tempos recentes? É possível identificar pelo menos três fatores.

Em primeiro lugar, a questão da escolha do parceiro. Hoje há liberdade para a formação do casal, que segue uma lógica individualista, baseada nos sentimentos, no amor, nas afinidades, no afeto. É o triunfo dos ideais românticos da burguesia, que conquistaram todas as camadas da sociedade. Assim, as antigas certezas e valores sobre os quais se baseava a família (como a biologia, a religião, a tradição) se desestabilizaram e demoliram o modelo normalizado de "família tradicional". Numa sociedade cada vez mais secular e laicizada, esses valores deixaram de legitimar a maioria das decisões sobre formação da família.

O segundo ponto diz respeito ao princípio da igualdade entre os gêneros, referido anteriormente. Isso deixou de ser uma questão privada para ser incorporada aos debates públicos e políticos.

Soma-se ainda o terceiro ponto, que diz respeito aos filhos. Nas últimas décadas a centralidade dos filhos na formação das relações familiares perdeu espaço. Ter filhos deixou de ser uma obrigação natural e passou a ser uma escolha para a maioria dos homens e mulheres, e que deve vir no momento mais adequado do ciclo de vida. Por isso, inclusive, demanda um investimento afetivo e emocional maior.

Mas a escolha pode levar a uma contradição, especialmente se pensarmos nas mulheres. Afinal, elas têm que lidar com o desejo de ter uma vida profissional plena, com a pressão do relógio biológico para ter filhos e o com desafio de equacionar o tempo disponível a ser dividido entre trabalho e prole. Ainda que se possa falar de uma revolução na reprodução humana, que ajuda as mulheres a postergar a maternidade, permanece o desafio de dar conta de tudo em um dia de 24 horas!

É o "bônus e o ônus" das transformações nos valores que os indivíduos, as famílias e a sociedade vêm enfrentando.

Do caleidoscópio das famílias

Vamos explorar agora esse multifacetado universo familiar, que mais se parece com caleidoscópio. Papai, mamãe e filhinhos; vovós, titios e priminhos. As fotos de família integravam incontáveis parentes: desde a indefectível foto do casamento com véu e grinalda, a foto dos batizados dos rebentos (de dois, de três, às vezes, até mais), das festinhas de aniversário, do casamento dos filhos, do nascimento dos netos, da comemoração das bodas de prata, de ouro e, com sorte, até de diamante.

Enfim, o ciclo esperado e desejado por muita gente. Casar era para a vida inteira. É claro com o "par ideal", de preferência um casal formado por moças "recatadas e do lar" e por rapazes "trabalhadores e bem postos" na vida. Bons partidos para eles e para elas, até que o fim da união fosse decretado pela morte de um dos dois.

Como diria a minha avó (se estivesse viva), já não se fazem casamentos como antigamente! Se a união não der certo, homens e mulheres podem partir para outra experiência conjugal e ter casamentos ou uniões sucessivas.

Ei, calma lá... As mudanças não ficam por aí! Além de casamentos heterossexuais e sucessivos, as uniões podem juntar também pessoas do mesmo sexo, as chamadas uniões homoafetivas, que fazem parte do dia a dia de muitas famílias. Casais homoafetivos também podem ter ou adotar filhos, levando à chamada homoparentalidade.

E outras novidades não param de "pipocar". Até o ideal da monogamia, praticamente incontestado nas sociedades ocidentais, tem tido seus percalços.

Entrou em cena o *poliamorismo*, que admite a coexistência de mais de uma relação afetiva, desde que haja o conhecimento e a concordância entre todas as partes envolvidas. Para os que praticam o poliamorismo ou o poliamor, as duas ou mais famílias que convivem simultaneamente geram as *famílias simultâneas*, que se contrapõe às famílias baseadas no relacionamento monogâmico.

É uma situação que contraria as convicções religiosas e morais de muita gente. Aqueles que estão envolvidos defendem que ela se baseia numa relação afetiva na qual participam mais de duas pessoas e que são a favor da variedade, das relações abertas e livres, da liberdade sexual e do afeto.

O primeiro registro de união com mais de duas pessoas no Brasil foi realizado em cartório de Tupã, no interior de São Paulo, em 2012 (lavrou-se uma Escritura Pública de *União Poliafetiva*). De lá para cá, outras tantas relações desse tipo foram oficializadas, visando garantir os direitos dos indivíduos envolvidos nessas famílias simultâneas.

Mas ainda há muita controvérsia em relação a esse tipo de relacionamento e a resistência vem tanto da sociedade, como também está presente no âmbito do direito. Antes de entrar nessa seara, vale abordar os desdobramentos que a série de mudanças nas famílias traz para as próprias relações familiares.

Laços de parentesco e afetividade: deslocamentos em favor das novas formas de família

O sangue fala mais alto! Assim é que se demonstrava a força das ligações de parentesco baseadas na consanguinidade. O problema é que o tamanho das famílias está encolhendo... Ou seja, um desdobramento inevitável é a queda no número de consanguíneos – de irmãos e de parentes colaterais, como tios, primos e sobrinhos... Já há estudos que se preocupam em analisar, através de modelos, estimativas e projeções, cenários possíveis de (in)disponibilidade de parentes na população, acarretando na existência de "nenhum" ou de "poucos irmãos, tios, primos, sobrinhos e netos". Pesquisadores brasileiros já estão de "olho" nessas questões, mas é impossível aprofundar essa discussão aqui.

Outra faceta dessa tendência se revela na combinação do processo de envelhecimento e da queda da fecundidade, que também tem seus desdobramentos. Implica não apenas a diminuição da "oferta" do parentesco de sangue, como gera efeitos importantes nos arranjos familiares. A "família pé de feijão" ilustra bem essa situação.

A família pé de feijão é o formato adquirido pelas famílias "compridas e finas", que tem pouca gente em cada uma das várias gerações. Na verdade, é o resultado do processo de verticalização da família, causado pela diminuição da lateralidade (tios, primos e sobrinhos) e pelo aumento da extensão vertical dos grupos familiares.

Se os vínculos colaterais diminuem, paralelamente, aumentam as possibilidades de convivência com a geração ascendente (dos avós), afinal, os brasileiros e as brasileiras estão vivendo muito mais. Por isso, o papel dos "idosos" tem sofrido modificações interessantes, tanto do ponto de vista da sociedade, como no âmbito da família.

Um sinal claro é o aumento do número de avós, assim como o número de anos que as pessoas passam "desempenhando" esse papel. Muitos avós têm ampliado sua participação na família, especialmente nos casos em que pais e mães trabalham fora, gerando um grande interesse pela *avosidade*, isto é, o estudo das relações entre avós e netos. Para alguns justificaria, inclusive, a afirmação de que o século XXI será o século dos avós!

O que importa é insistir que a "foto da família" está mudando muito. E as mudanças não param aí. Outras modificações devem ser levadas em consideração na constituição das novas formas familiares e das novas formas de relacionamento entre os indivíduos que, gradativamente, deslocam a prioridade posta nos laços de sangue para os laços de afetividade.

É bom lembrar aqui as possibilidades de existência de irmãos, avós, tios, primos, sobrinhos "postiços" gerados pelos múltiplos arranjos familiares que se constroem através do afeto estimulado pela convivência, por exemplo, entre os integrantes das famílias tipo mosaico.

Na verdade, os arranjos familiares que hoje são comuns entre nós encontram suporte no princípio de que a construção de vínculos afetivos não passam necessariamente pela consanguinidade. Atualmente, os dois tipos de vínculo desempenham funções importantes e são fundamentais para a fundação e o reconhecimento da "família".

É inegável o destaque que a afetividade e os afetos conquistaram entre os indivíduos e as famílias. Inclusive o termo jurídico que expressa essa ideia é *família eudemonista*. A família eudemonista coloca a afetividade como ponto de partida. É a partir do vínculo de afeto, amor e carinho que as pessoas buscam a "felicidade completa".

Nesse sentido, vale a pena refletir sobre algumas mudanças de caráter jurídico no entendimento de "família" e que procuram responder, incorporar e se adequar às transformações (e às demandas) que a sociedade brasileira tem vivenciado.

Da Constituição de 1988 ao debate sobre o Estatuto da Família

A chamada Constituição cidadã é, sem dúvida, um referência importante na história recente do Brasil e, para alguns estudiosos, ela teria inaugurado uma autêntica era dos direitos. Também em relação à família, a Carta Magna da nação assinalou importantes mudanças.

No Título VIII – da Ordem Social, capítulo VII (Da Família, da Criança, do Adolescente, do Jovem e do Idoso), artigo 226, afirmava que a família, base da sociedade, tem especial proteção do Estado e os parágrafos 3º, 4º e 5º asseveravam que, para efeito da proteção do Estado, era reconhecida a união estável entre o homem e a mulher como *entidade familiar*, devendo a lei facilitar sua conversão em casamento. Definia-se, ao mesmo tempo, o conceito de entidade familiar como a "comunidade formada por qualquer dos pais e seus descendentes", garantindo-se ainda que os direitos e deveres referentes à sociedade conjugal seriam exercidos igualmente pelo homem e pela mulher.

Foi um avanço, nos meados da década de 1980, o reconhecimento não apenas da união estável como entidade familiar, como também a igualdade de direitos e deveres na sociedade conjugal, distribuídos entre homem e mulher. O Código Civil de 2002 veio a complementar, pelo menos do ponto de vista legal, a igualdade entre ambos, reconhecendo ainda a igualdade jurídica de filhos havidos ou não no âmbito do relacionamento conjugal (incluindo a adoção), o que não ocorria anteriormente, de acordo com o Código Civil de 1916, que vigorou até a substituição pelo de 2002.

Juridicamente, portanto, consagrava-se a pluralidade das famílias, constituídas através do casamento, da união estável, assim como a família monoparental, a igualdade da filiação, acarretando na expansão do conceito de família e no reconhecimento de outros tipos de relação familiar.

Ainda que plurais, continuavam a não contemplar, do ponto de vista jurídico, as *uniões homoafetivas* que, de fato, integravam o espectro variado de formas familiares que faziam parte do cotidiano de muitos casais.

Para termos uma ideia, dados de 2010 revelaram que mais de 60 mil pessoas viviam com parceiros do mesmo sexo. Contudo, não se pode descartar a possibilidade dos números estarem subestimados, já que muitas pessoas podem ter evitado declarar que viviam (vivem) naquela situação.

O reconhecimento das relações mantidas por pessoas do mesmo sexo – união homoafetiva – como uma entidade familiar foi um passo importante para contemplar mais uma faceta dessas múltiplas famílias que foram se constituindo e conquistando o seu espaço na sociedade brasileira.

Um sinal inequívoco dessa situação foi o fato de que, em 2011, o Supremo Tribunal Federal (STF) reconheceu, por unanimidade (dez votos a zero), a união estável para casais do mesmo sexo. Com essa decisão, as pessoas que viviam uma relação homoafetiva duradoura e pública passaram a ter os mesmos direitos e deveres das famílias formadas por homens e mulheres.

Os avanços em relação às uniões entre pessoas do mesmo sexo continuaram. Em 2013, o Conselho Nacional de Justiça (CNJ) aprovou a resolução 175/13, que obrigava os cartórios de todo o Brasil a celebrar o casamento civil e converter a união homoafetiva em casamento. A Holanda foi o primeiro país a legalizar esse tipo de união, em 2000, e o Brasil foi o 13º.

O mesmo já não pode ser dito sobre as "famílias simultâneas", que se organizam na contracorrente do princípio da monogamia. A jurisprudência nos tribunais brasileiros é variada nessa situação. O debate entre os juristas é grande e não parece próximo a um consenso. Por outro lado, como se tem argumentado, deixar de reconhecê-las não fará com que elas deixem de existir.

Esse é um assunto complicado porque, como afirmou o presidente do Instituto Brasileiro de Direito de Família (IBDFAM), todo o aparelhamento jurídico brasileiro e ocidental tem a monogamia como base de organização da família. Mas, quando famílias paralelas se formam, não se pode negar esta realidade e ignorá-las, sob o risco de repetir injustiças históricas de exclusão de pessoas e de categorias do laço social, afirmou ainda o presidente do IBDFAM já no ano de 2013.

Ainda que a quebra do princípio da monogamia seja altamente polêmico e discutível (tanto do ponto de vista moral, quanto jurídico), permanece o fato que muitas conquistas foram firmadas para a incorporação de distintos arranjos familiares.

No entanto, esse movimento em direção à plena aceitação e reconhecimento das diferentes formas de união e família teve sua contrapartida, refletindo a arena de conflito, de tensão e até de intolerância que vem esgarçando a nossa sociedade nos últimos tempos.

A "família" também é um alvo na "batalha" que vem se instaurando, dividindo opiniões, princípios e convicções.

Reações contrárias de setores mais conservadores da sociedade brasileira passaram a agir no sentido de frear e, mais do que isso, reverter a marcha dessas mudanças em favor da diversidade e da plena integração das múltiplas formas de relacionamento entre os indivíduos e as famílias deles resultantes.

A polêmica sobre a definição e a aceitação do que se entende por família se espalhou pela sociedade, instalando-se nos meios de comunicação, entre juristas, ativistas, políticos, religiosos e não deixa de estar presente também nas "salas de visitas" das nossas casas...

Para ilustrar o clima do debate, podemos tomar como "termômetro" a discussão que corre no Congresso. Na Câmara e no Senado tramitam dois projetos de lei que se contrapõem divergindo sobre a inclusão ou não das entidades familiares que não se adequam aos modelos tradicionais.

Na Câmara dos Deputados se debate o Projeto de Lei 6.583/2013 – *Estatuto da Família*, no singular –, que propõe o retrocesso em relação à definição do que se entende por família, que estaria restrita àquelas formadas através do casamento e uniões estáveis entre homens e mulheres e respectivos filhos. O artigo 2º define "entidade familiar como o núcleo social formado a partir da união entre um homem e uma mulher, por meio de casamento ou união estável, ou ainda por comunidade formada por qualquer dos pais e seus descendentes".

No Senado, o tema também marcou presença, através da discussão da proposta do *Estatuto das Famílias* (PLS 470/2013), que propõe uma definição muito mais ampla e que não limita obrigatoriamente a união de homem e mulher (menciona união de duas pessoas). Os artigos 3º e 4º, por exemplo, asseveram que é protegida a família em qualquer de suas modalidades e as pessoas que a compõem e que todos os integrantes da entidade familiar devem ser respeitados em sua dignidade pela família, sociedade e Estado.

Em 2015, o projeto que tramitava na Câmara Federal foi aprovado pela Comissão Especial do Estatuto da Família (PL 6583/13), em sessão marcada por muita polêmica e divergências, mantendo-se o texto integral que reconhecia apenas as uniões entre homens e mulheres.

Muitas manifestações foram realizadas. Elas vieram através de parlamentares, de organismos não governamentais (ONGs), de cidadãos, que se posicionavam a favor ou contra o projeto. Ainda que haja um longo caminho até o estatuto virar lei, vale a pena pensar no que mudou no cenário brasileiro e os efeitos causados no debate sobre a(s) família(s). Que desvios estão nos afastando da sociedade mais justa, fraterna, pluralista e sem preconceitos que defende nossa Constituição cidadã?

Nos últimos tempos o Brasil tem se defrontado com uma corrente conservadora cada vez mais organizada e que vem defendendo retrocessos (que não ocorre só no Brasil). Aqui se tem evocado o retorno à ditadura militar, assiste-se à supressão de direitos, aceita-se a interferência de princípios religiosos em um estado que é laico.

Essa guinada conservadora pode ser, pelo menos em parte, creditada aos tempos de "crise" que se abateram sobre nós, tudo "condimentado" por escândalos de corrupção, malversação de recursos públicos, promiscuidade entre o público e o privado.

Para muitos que defendem uma sociedade mais inclusiva e plural, esse retrocesso no que diz respeito à concepção de família contaria (entre outros) com o apoio de grupos conservadores e da chamada bancada evangélica, que tem assento no Congresso Nacional e se concentra em torno da Frente Parlamentar Evangélica. Além de defender a proposta do Estatuto da Família, a bancada alinha-se favoravelmente a projetos como o da "cura gay", a defesa da redução da maioridade penal, a escola sem partido.

Arrematando a conversa

A família é tema instigante, polêmico, desafiador, além de bastante complexo. Mas será que a família está em crise? Vimos que ela está diferente e está se reinventando, o que, a rigor, não é novidade, já que a história tem mostrado que a família é uma instituição dinâmica. De fato, as grandes novidades parecem ser a *velocidade* e os *rumos* dessas mudanças. Assim, a heterogeneidade dos modelos de família que estão por aí apenas atualiza suas funções, favorecendo, além dos vínculos consanguíneos, outras formas de relacionamentos e afetos que estão cada vez mais em alta entre os indivíduos.

A plasticidade das uniões conjugais e das famílias, assim como a pluralidade de relações, não apenas entre indivíduos, mas entre as gerações, dão lugar também a novas formas de parentalidade e de vínculos entre pais e filhos. As relações intergeracionais têm mostrado novas e interessantes facetas, se comparadas ao passado mais recente. São ilustrativos, nesse sentido, os conceitos de geração canguru, geração nem-nem e geração sanduíche.

A geração canguru designa os jovens de 25 a 34 anos que ainda moram com os pais. Esse grupo vem crescendo no Brasil (em 2002 eram 20% dos jovens e em 2012, 24%) e umas das razões que justificam o fenômeno é a possibilidade de se "investir" na formação desse grupo, para aumentar as suas chances no mercado de trabalho. Os homens são maioria (60% homens contra 40% mulheres) e se concentram na faixa de população com mais renda... Não se descarta também que essa opção esteja ligada ao comodismo, à segurança e conforto, ou a falta de condições financeiras para sair da casa dos pais.

Já a chamada geração nem-nem é composta pelos jovens de 15 a 29 anos que nem estudam nem trabalham. A maioria é formada por mulheres entre 25 a 29 anos e, de acordo com o IBGE, é um fenômeno recente que tem chamado atenção. Ao contrário da geração canguru, o predomínio de mulheres nesse grupo explica-se pelo fato de elas terem filhos e tomarem conta da prole. Essa situação remete, em primeiro lugar, à questão da diferença nas condições do mercado de trabalho entre homens e mulheres. Na medida em que se facilita/ investe na infraestrutura oferecida para a mulher poder deixar seus filhos em segurança para ir trabalhar ou estudar, esse quadro pode se modificar. Em segundo lugar, aponta para a necessidade de políticas públicas voltadas para a criação de creches, tema de fundamental importância e que merece atenção dos gestores públicos e privados, assim como do Estado.

Por fim, a geração sanduíche designa os adultos em meia-idade que, simultaneamente, fornecem apoio a seus filhos, ainda dependentes, e a seus pais idosos. Nesse grupo, em grande parte das vezes, esse papel é desempenhado pelas mulheres.

Cabe sublinhar, para concluir, que os princípios que regem a sociedade hoje, da busca pela felicidade e da valorização das escolhas individuais, determinados pelo afeto, acabaram por se consolidar, abalando seriamente a "versão de família" que modelava a geração de nossos pais e avós. O grande ponto de interrogação é o que virá nos próximos anos, na geração dos nossos filhos e filhas, netos e netas.

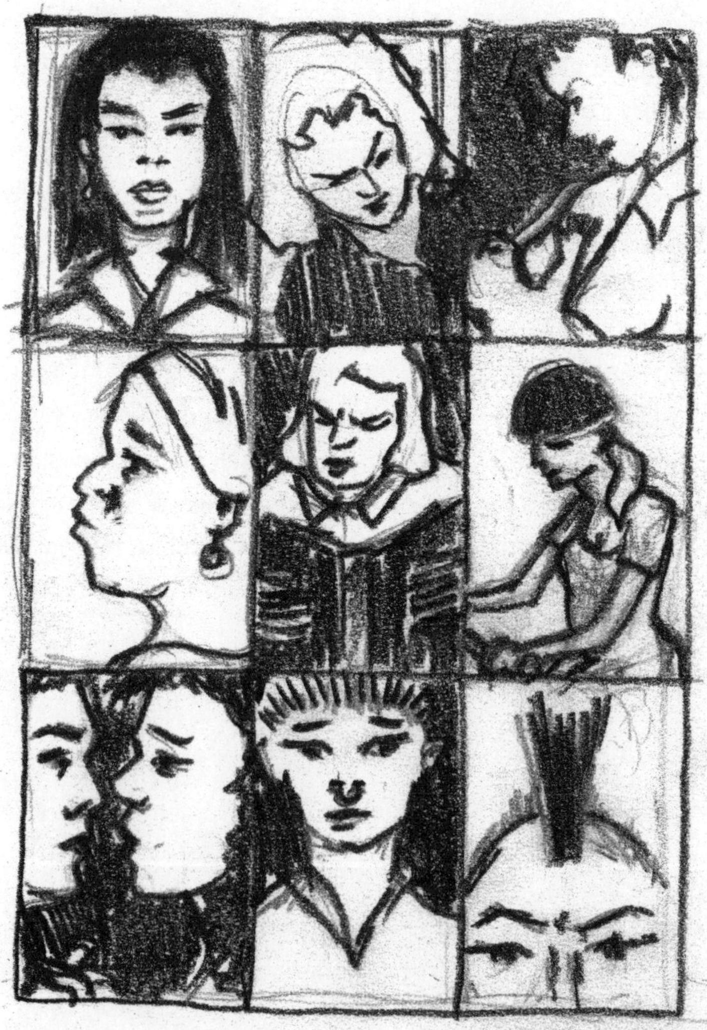

Mulheres

Carla Bassanezi Pinsky
Joana Maria Pedro

As conquistas femininas dos últimos 30 anos não contemplam do mesmo modo as mulheres no Brasil; são usufruídas de maneiras distintas por ricas e pobres, rurais e urbanas, jovens e velhas, intelectuais e analfabetas. Os inúmeros problemas sociais de nosso país também reforçam a desigualdade de gênero. Embora tenham hoje maiores oportunidades e mais direitos que três décadas atrás, as mulheres brasileiras em comparação com os homens, em média, ainda são mais pobres, recebem menores salários e abraçam maiores responsabilidades familiares e domésticas – no cuidado da casa, das crianças, dos idosos e doentes –, mesmo que também sejam provedoras. Ainda assim, se com uma máquina do tempo trouxéssemos uma feminista de 1987 diretamente para os dias de hoje, ela provavelmente ficaria admirada com a grande visibilidade das mulheres na mídia, na política, no mercado de trabalho, nos cargos de chefia de empresas e instituições, na pesquisa científica, nas universidades, nos movimentos sociais. Teria uma surpresa boa com a quantidade de mulheres com voz, comando e opinião, afinal, há 30 anos não havia tantas jornalistas de destaque, esportistas, maestrinas, médicas, promotoras, líderes comunitárias, empresárias, pilotas de avião... Porém, nossa personagem sofreria também decepções, já que muitas das esperanças acendidas com a Redemocratização, a "Segunda Onda" do feminismo e os debates para a nova Constituição do país não se concretizaram até agora. Também veria que extraordinários avanços na área das comunicações acabam sendo usados por muitos para difundir o machismo, incentivar a violência e promover a degradação da mulher. Ela então teria certeza da necessidade de continuar na luta.

*

Em termos legislativos, muita coisa mudou. Leis mais avançadas no sentido de promover a igualdade de gênero surgiram na esteira da luta dos anos 1970 e 1980 por liberdades democráticas e maior protagonismo feminino na sociedade. No momento de elaboração da Constituição de 1988, os movimentos de mulheres e os grupos feministas com seu "*lobby* do batom" obtiveram dos constituintes o reconhecimento de boa parte de suas reivindicações à época. A "Constituição democrática" assegurou a igualdade entre homem e mulher no âmbito da família, onde ficou estabelecido que os direitos e deveres da sociedade conjugal, formalizada ou não pelo casamento, são exercidos igualmente pelos membros do casal. A licença maternidade foi estendida sem prejuízo do emprego e do salário e foi criada a licença-paternidade. O planejamento familiar foi considerado uma decisão do casal, sendo obrigação do Estado oferecer métodos científicos e educação a esse respeito. No mercado de trabalho, ficou proibida qualquer diferença salarial baseada no gênero.

As trabalhadoras domésticas foram integradas à Previdência Social, mas a lei que estendeu a elas os mesmos direitos das demais categorias de trabalhadores só seria sancionada em 2015. O direito da mulher ao título de domínio e à concessão de uso da terra na área rural só seria devidamente regulamentado em 2003.

O **Código Civil**, então em vigor, datava de 1916 e privilegiava o homem em detrimento da mulher: aceitava a anulação do matrimônio quando se descobria que a noiva não era virgem; possibilitava que a filha de comportamento "desonesto" ("impura", "indiscreta", de vida sexual "livre") ficasse sem herança; não reconhecia filhos nascidos fora do casamento; exigia o consentimento do marido para que a esposa pudesse gerir propriedades, receber salários, trabalhar e viajar ao exterior. Esse código, entretanto, já havia sofrido mudanças, entre elas o Estatuto da Mulher Casada (1962), que suprimiu o artigo que dizia serem as casadas "relativamente incapazes" e retirou do marido o direito de representar legalmente a mulher, embora o mantivesse como "chefe" da sociedade conjugal. Em 1990, quando o Estatuto da Criança e do Adolescente entrou em vigor, estabeleceu-se o exercício do pátrio poder "em igualdade de condições pelo pai e pela mãe", ambos agora responsáveis pelo sustento dos filhos. Mas foi somente em 2002, com um novo Código Civil, que vários dos dispositivos igualitários previstos na Constituição foram complementados e regulamentados. Exemplos: a substituição do termo "pátrio poder" por "poder familiar"; a possibilidade de reconhecimento de paternidade se comprovada por testes de DNA.

A aplicação dos avanços da Constituição encontrava entraves no **Código Penal** datado de 1940. Neste, constava o qualificativo "honesta", que definia, para as mulheres, o direito de serem, ou não, protegidas, em caso de abuso, estupro ou fraude de cunho sexual. As modificações desse código, ocorridas em 2005, retiraram esse termo, o que, por sua vez, acarretou mudanças na punição de diversos crimes. Assim, por exemplo, o estuprador não pode mais casar com sua vítima para se livrar de punição. A importância disso pode ser medida se lembrarmos que ainda nos anos 1980, em muitas cidades pequenas e médias, era comum o recurso à "prova de virgindade" para atestar a "honestidade" das moças. Também em 2005, o adultério deixou de ser crime (antes, a condenação legal da adúltera legitimava no senso comum a violência praticada pelo marido em "defesa da honra"); e o "crime de sedução" foi revogado. Em 2009, os crimes de natureza sexual foram considerados crimes contra "a liberdade" e "a dignidade" (e não mais "os costumes"); o termo "pessoa" (e não "mulher", como antes) passou a qualificar a vítima do crime de estupro e do de tráfico e lenocínio para exploração sexual – demonstrando o reconhecimento de que a mulher não deve ser protegida por ser "frágil", "incapaz" ou "ingênua", como se alegava antes, mas por ter direitos como "ser humano".

Embora a luta feminista pelo direito de interromper uma gravidez remonte os anos 1970, o aborto até hoje é considerado crime, com exceção de quando é praticado para salvar a vida da mulher ou quando a gravidez for resultado de estupro; desde 2012, por decisão do Supremo Tribunal Federal, não é mais criminalizada a interrupção da gravidez de feto anencéfalo.

Talvez a alteração do Código Penal mais comemorada pelas brasileiras tenha sido a Lei de Combate à Violência Doméstica, ou Lei Maria da Penha (2006), que coroou reivindicações acalentadas e conquistas obtidas desde os anos 1970, passando pelas Casas da Mulher, o Conselho Nacional de Direitos da Mulher, as Delegacias da Mulher, além de campanhas como a do famoso *slogan* "Quem ama não mata". Também decorreu de avanços internacionais como o reconhecimento pela ONU (1993) dos direitos humanos das mulheres e das meninas como parte dos direitos humanos universais. Essa lei define a violência doméstica e familiar contra a mulher em suas diferentes formas (física, sexual, patrimonial, moral e psicológica) e estabelece medidas de assistência e proteção às vítimas, além de prever campanhas educativas que tornem socialmente inaceitável esse tipo de violência. As penas dos criminosos foram aumentadas, não sendo mais permitidas as pecuniárias (antes da lei, casos de violência doméstica eram encaminhados para juizados de pequenas causas, e os acusados recebiam como punição, costumeiramente, a atuação em trabalhos "voluntários" ou o pagamento de cestas básicas). A lei prevê ainda medidas protetivas de urgência (o agressor pode ser impedido de se aproximar da vítima), o encaminhamento do agressor para centros de reabilitação e a restituição de bens subtraídos da ofendida. Além disso, todo registro de agressão deve se tornar um inquérito policial a ser remetido ao Ministério Público.

Quando a lei fez seu décimo aniversário, os indefectíveis balanços mostraram que um grande obstáculo à plena cidadania das mulheres é a persistência da violência contra elas praticada por familiares, (ex-)companheiros, (ex-)namorados etc. Espancamentos e estupros ainda são frequentes. Muitas ainda passam pelo constrangimento de serem mantidas presas em casa, sofrerem ameaças por arma e serem forçadas a práticas sexuais indesejadas. Muitas ainda são assassinadas. Embora possamos dizer que nos últimos 30 anos tenha diminuído a condescendência social que dificulta a denúncia e favorece a impunidade, ainda há muito que avançar: frequentemente, os relatos das vítimas são desvalorizados por policiais, advogados e juízes; agentes públicos mostram-se incapazes de atender quem sofre violência de gênero, negando-se a registrar boletim de ocorrência, demorando a solicitar medidas protetivas, reproduzindo a cultura machista em seus procedimentos. Nas delegacias, faltam profissionais para investigar todas as denúncias e a reincidência por parte dos agressores continua alta. De todo modo, os maus-tratos, estupros, espancamentos e assassinatos de mulheres não são vistos hoje, socialmente, do mesmo modo que há 30 anos e, portanto, são denunciados e combatidos com maior empenho. A popularidade da Lei Maria da Penha, a publicidade dada às denúncias de espancamentos sofridos por famosas do meio artístico, a comoção social provocada por determinados casos de violência praticada por maridos e ex-namorados com grande divulgação na mídia, a aparição da "violência contra a mulher" como tema de redação do Enem (2015) são sintomas de uma louvável mudança de mentalidade.

No âmbito dos **direitos sexuais e reprodutivos**, também há o que comemorar. Desde o início dos anos 1960, as brasileiras podiam comprar nas farmácias contraceptivos que garantiam com eficácia a separação entre sexo e reprodução. Desde 1965, as mais pobres podiam obtê-los gratuitamente nos postos da Sociedade Civil de Bem-Estar Familiar no Brasil (Bemfam). Hoje, os postos de saúde os fornecem. Além disso, pesquisas médicas procuram desenvolver métodos diferentes para diferentes tipos de mulher, buscando o maior conforto e o menor efeito colateral possível.

Já se reconhece que os direitos sexuais são algo distinto e não necessariamente vinculados aos direitos reprodutivos: legalmente é aceito que alguém queira fazer sexo sem desejar procriar; também é possível procriar por meio de fertilização artificial. A lei de 1996 que trata do planejamento familiar o definiu como "o conjunto de ações de regulação da fecundidade que garanta os direitos iguais de constituição, limitação ou aumento da prole pela mulher, pelo homem ou pelo casal". Contudo, mesmo em termos legais há limites e contradições: o Estado é obrigado a garantir a liberdade no exercício da maternidade e da paternidade, mas não o aborto legal e seguro nem o tratamento médico em caso de infertilidade. Sequer os estudos que vincularam a zika ao nascimento de crianças com microcefalia contribuíram para colocar o Brasil ao lado dos países democráticos que permitem que, ao menos nas fases iniciais da gestação, a mulher seja livre para decidir se quer procriar. E mesmo os direitos existentes sofrem constantes ameaças de retrocesso promovidas por grupos conservadores que querem obrigar as mulheres a dar à luz mesmo em casos de risco de morte, gravidez resultante de estupro ou feto anencéfalo.

Desde 1995, os empregadores são proibidos por lei de exigir atestados de gravidez e esterilização, além de discriminar as mulheres nas contratações e no ambiente de trabalho. Contudo, em muitos empregos, as mulheres ainda estão sujeitas a tais constrangimentos, são submetidas a "revistas íntimas" (para evitar roubos) e sofrem assédio sexual.

A partir de 1992, as mulheres finalmente foram aceitas no Exército, a última das Forças Armadas a abrir suas portas. Não há dúvidas de que as mulheres obtiveram grandes conquistas no **espaço público**. Hoje em dia, alegar que elas não são profissionalmente tão capazes quanto os homens provoca protestos em muitos meios. Também na política, os preconceitos contra a mulher são nitidamente menores que no passado. Com intensidade crescente, a presença feminina passou a ser comum tanto em manifestações de rua (por creches, contra a carestia, por ampliação de direitos políticos e, mais recentemente, contra a corrupção) quanto em cargos no setor público, secretarias, ministérios e governos. Em 1995, uma lei passou a prever a cota mínima de 20% para candidaturas de mulheres nos partidos ou coligações. Esse percentual subiu para 30% em 1997. Entretanto, os partidos encontram dificuldades para preencher as vagas. Além de enfrentar o machismo que ainda incomoda, o desinteresse patente das mulheres por concorrer a cargos políticos – talvez em razão da dificuldade em encarar a exposição da imagem, do ambiente competitivo das campanhas, da falta de financiamentos e de apoios – as afasta desses embates. Mesmo assim, nas eleições de 1998, pela primeira vez uma mulher foi eleita para um governo estadual. No Supremo Tribunal Federal, em 2001, foi empossada a primeira juíza. Em 2010, uma mulher chegou à presidência da República, sendo reeleita em 2014 em uma disputa em que outra mulher estava entre seus adversários de peso. Os exemplos internacionais de mulheres politicamente poderosas também contribuem para diminuir resistências. Enfim, de 30 anos para cá, cada vez mais mulheres ocupam – com maior ou menor competência e honestidade (do mesmo modo que os políticos homens) – postos relevantes na política brasileira.

A figura da "mulher politizada" em sentido mais amplo, comprometida com as causas de seu tempo – cidadania, ecologia, saúde, educação... – já não causa estranheza. Piadas machistas a esse respeito não ficam mais sem resposta nos almoços familiares, nas escolas, nas mídias, nas redes sociais.

Com relação ao **feminismo** propriamente dito, em 1987, ele já tinha percorrido um longo caminho e incluído – para além de suas reivindicações tradicionais ligadas a política, trabalho e educação – demandas relacionadas à intimidade (direito ao prazer sexual) e às relações familiares (compartilhamento das tarefas domésticas). A movimentação das mulheres e do feminismo se expressava na década de 1980 através dos "grupos de consciência", das manifestações de rua, da publicação de periódicos específicos. Nas universidades, vários núcleos de pesquisa discutiam o "problema da mulher", e o conceito de "gênero" (em referência à construção social das concepções baseadas nas percepções das diferenças sexuais) começava a ganhar adeptos, embora alguns dissessem se tratar de moda acadêmica passageira. Ainda assim, muitas mulheres não aderiam ao feminismo e, mesmo favoráveis a maior igualdade, fugiam da identificação "feminista", porque, na época, era alvo de intensa desqualificação.

Hoje, até homens têm orgulho de se dizer feministas, mas, diferentemente de décadas atrás, já não parece politicamente tão importante aderir ao rótulo desde que a bandeira da igualdade de oportunidades continue hasteada. A luta agora está mais concentrada nas universidades, em ONGs, em atividades específicas (como as "oficinas" preparadas por especialistas), em *lobbies* junto ao setor público. O conceito de gênero saltou os muros das universidades e ganhou visibilidade na grande imprensa, nos documentos oficiais, nos bancos escolares (ainda que com grandes resistências). A utilização da internet e particularmente das redes sociais para tratar dos problemas femininos e divulgar reivindicações de gênero tem sido intensa, com a vantagem de atingir os mais jovens, mais à vontade com elas que com a leitura de livros e jornais. Campanhas rápidas e localizadas (contra as "cantadas", contra a imposição de determinados modelos de beleza, contra certo bar onde moças sofreram assédio...) ganham bastante divulgação. Em 2015, as mulheres já eram maioria entre os usuários da internet e os proprietários de celular no Brasil.

O ativismo ligado especificamente às questões da mulher negra também cresceu ao longo dos anos. Embora a criminalização do racismo tenha sido introduzida na Constituição de 1988, critérios "raciais" continuavam existindo ainda nos anos 1990 na seleção de candidatos a postos de trabalho sob a exigência eufemística da "boa aparência". Sentindo-se sub-representadas tanto no movimento negro quanto no feminismo, as ativistas negras foram criando espaços próprios de atuação e, hoje, organizam grandes eventos e promovem debates concorridos no país. Além disso, é inegável que as negras têm muito mais voz e visibilidade na mídia, na formação de opinião e nas definições de políticas públicas.

Diferentemente do que propagavam correntes feministas antigamente, as mulheres hoje já não se consideram apenas vítimas. Querem ser protagonistas. Pretendem transformar a sociedade "empoderando" (palavra da moda) as mulheres, desde meninas, e combatendo o machismo em todas as suas manifestações, contando inclusive com o apoio de muitos homens, seus aliados. Não há mais um único modo de ser feminista e de se apresentar como tal (nas roupas, nas linguagens, nas posturas) – é importante ter liberdade de expressão.

A **educação formal** foi o grande diferencial na emancipação feminina, colaborando para promover a ascensão social das mulheres no Brasil, tornando-as mais competitivas no mundo do trabalho qualificado e proporcionando-lhes autonomia financeira. Os índices de analfabetismo entre os homens superaram os das mulheres no início dos anos 1990. Se, nos anos 1970, as mulheres já eram maioria no ensino médio, nos anos 1990, essa superioridade numérica foi constatada também no ensino superior de graduação (hoje elas são 60% dos estudantes) e, em 2000, elas superaram os homens na pós-graduação. Também a partir do ano 2000, detectou-se uma redução importante dos diferenciais entre homens e mulheres nas diversas áreas de conhecimento. Boa parte das jovens que tem investido em estudos e carreira profissional consideram que casar e/ou ter filhos não é incompatível com a vida profissional.

No **mercado de trabalho**, ainda há mais homens que mulheres ocupados (aproximadamente 1,5 homem para cada mulher). Em média, os homens estão nos postos mais bem remunerados, enquanto a maior parte das mulheres se concentra em ocupações de menor remuneração, em empregos mais precários (de tempo parcial, terceirizados e/ou feitos no domicílio) e mais vulneráveis às crises econômicas. A diferença de salários entre homens e mulheres ocorre em todas as classes e se amplia nas faixas de remuneração mais alta. Contudo, mesmo ganhando menos do que os homens, as mulheres são chefes de quase um terço dos domicílios brasileiros. Convém lembrar que a busca pelo mercado de trabalho por parte das mulheres não representa apenas a luta por autonomia, indica, também, o empobrecimento das famílias cuja sobrevivência exige a colaboração de todos para o orçamento doméstico.

Embora a presença feminina no mundo corporativo seja incontestável (e entre os CEOs esteja aumentando pouco a pouco), mais da metade das empresas no Brasil não possuem mulheres em cargos de liderança. As reivindicações feministas nessa área são: que as empresas sejam neutras na hora de contratar; que adotem o "trabalho flexível" (focado mais no desempenho que na carga horária); que reconheçam que colocar mulheres em posição de liderança não só é ético, mas também vantajoso em termos financeiros (permite maior aproveitamento de talentos e maior diversidade de pensamento e ideias).

Nos lares, as mulheres continuam as principais responsáveis pelas tarefas domésticas. A "dupla jornada" ainda é um grande peso para elas. Quando a ocupação remunerada das mulheres é somada com as atividades feitas dentro de casa, a jornada de trabalho feminina tem cinco horas a mais que a masculina (PNAD 2014). Creches e restaurantes populares, além da multiplicação dos eletrodomésticos, têm facilitado a vida das donas de casa, contudo, as lavanderias comunitárias (reivindicadas nos anos 1970) não se tornaram realidade. Mesmo as donas de casa que contam com empregadas domésticas continuam responsáveis por organizar e abastecer o lar. Em algumas famílias, as mulheres têm conseguido que os companheiros participem um pouco mais das tarefas da casa, mas, na média, o aumento da participação masculina é pequeno, e definitivamente, muito menor que o desejável.

Nestes últimos 30 anos, grandes conquistas foram obtidas pelas brasileiras. Evidentemente, a igualdade de gênero ainda não foi alcançada. O conservadorismo continua forte e o fantasma do retrocesso paira no ar. Mas hoje há mais esperanças.

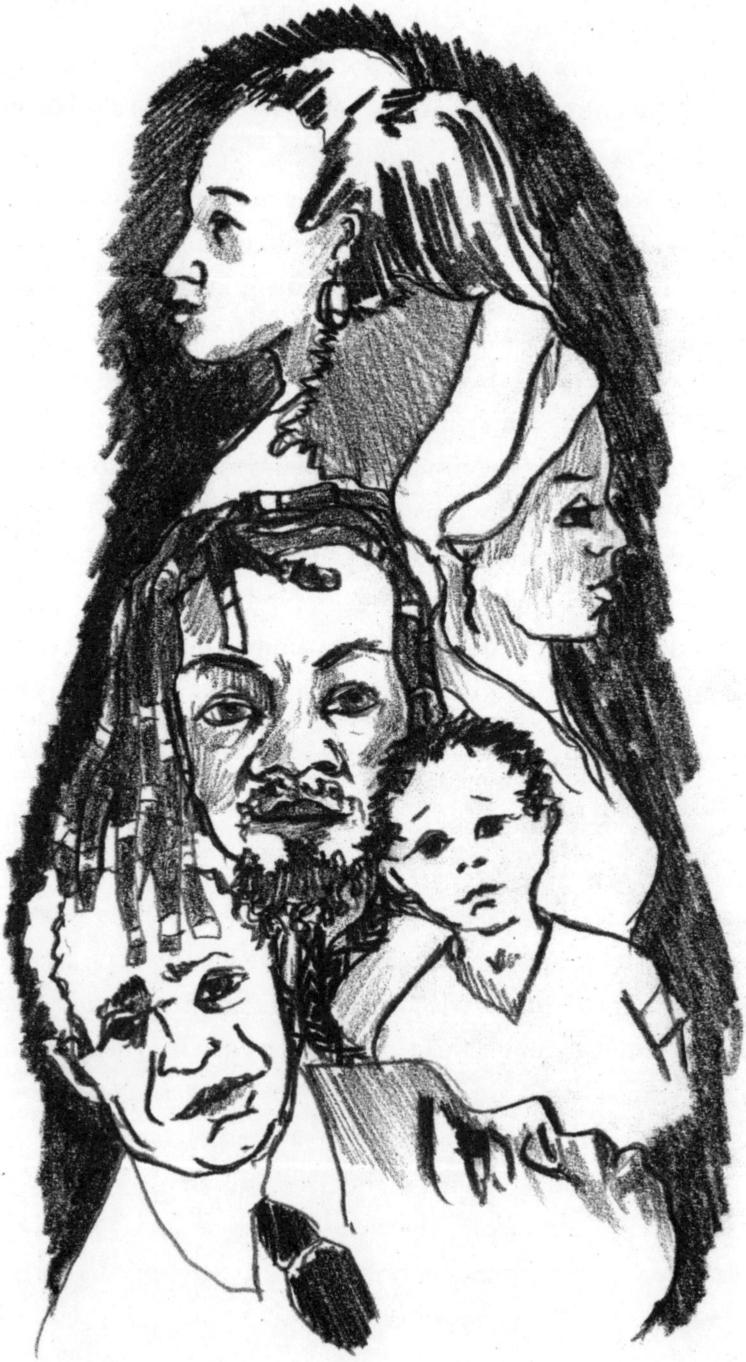

Negros

José Rivair Macedo

Na história social brasileira, os últimos 30 anos correspondem a um contexto de transformação das estruturas senhoriais que até então orientavam as relações sociais. Esse cenário deve muito à ampliação dos direitos civis, políticos, sociais e econômicos garantidos na Constituição de 1988, mas sobretudo ao protagonismo de diferentes atores vinculados aos movimentos sociais negros ou ao seu ideário.

Em seus primeiros dispositivos legais, aquela que tem sido lembrada carinhosamente como a "Constituição cidadã" consagrou diversos princípios que alargaram as noções de cidadania, de dignidade da pessoa humana, da igualdade perante as leis e perante os benefícios sociais garantidos pelo Estado de direito. Participantes ativos dos trabalhos preparatórios do texto constitucional, os representantes dos movimentos sociais elaboraram importantes propostas que na década de 1990 geraram avanços políticos significativos, entre as quais cabe destacar: o reconhecimento e demarcação das terras das comunidades remanescentes de quilombos; a criminalização da prática do racismo e do preconceito racial; o comprometimento de políticas antirracistas e a afirmação da noção de multiculturalismo e diversidade étnico-racial; o estímulo ao ensino de História das populações negras e a importância de ações afirmativas com a finalidade de corrigir distorções sociais decorrentes do racismo.

A maior dificuldade que se apresentava historicamente a esses movimentos era pôr em prática ações políticas e sociais efetivas, com as quais se pudesse combater os mecanismos de discriminação e exclusão que atravessavam a história das relações raciais no país. Marcadas pela informalidade e pela ambiguidade, pouco perceptíveis em termos institucionais, tais relações geravam diferentes formas de preconceito e discriminação que funcionavam como poderoso instrumento de distinção social e econômica, com grande capacidade de gerar distorções e desigualdades, mantendo os negros em condição marginal e subalterna. É isso que se percebe nos versos da canção "Racistas otários", lançada em 1990 no primeiro álbum da banda negra paulistana Racionais MC's: "No meu país, o preconceito é eficaz/Te cumprimentam na frente/E te dão um tiro por trás".

Movimento social e afirmação política

Ao longo da década de 1980, no contexto da crise da Ditadura Civil-Militar, assistia-se a uma retomada dos movimentos sociais e, no caso dos movimentos negros, a uma importante mudança de estratégia de ação. Desde a sua fundação, em 1978, o Movimento Negro Unificado contra a Discriminação Racial dirigiu os seus esforços para a denúncia da ideologia da "democracia racial". Pondo em prática uma ideia que já vinha sendo esboçada desde o início da década de 1970, o ano de 1988 foi marcado por amplas mobilizações em defesa da eleição de 20 de novembro como Dia da Consciência Negra. A seguir, somaram-se diversas campanhas de denúncia do racismo ou de valorização e orgulho racial sintetizadas em poderosas frases de efeito, como "Negro é lindo", "100% negro" e "Onde você guarda o seu racismo?".

A reorganização das pautas que iriam orientar as lutas dos movimentos sociais negros na passagem do século XX para o século XXI seguiu de perto o conceito de *quilombismo*, que aparece pela primeira vez no livro *O negro revoltado*, escrito em 1968 por Abdias do Nascimento, e apresentado por ele no Segundo Congresso de Cultura Negra das Américas, realizado em 1980 no Panamá. Forjado na experiência da luta pela liberdade, o *quilombo* torna-se modelo de organização política autônoma e de resistência, baseado no princípio da diversidade, a partir do ponto de vista dos afrodescendentes. O conceito é alargado nas reflexões desenvolvidas na década de 1980 pela pesquisadora Beatriz Nascimento, sendo aproximado a diversos territórios ou lugares, fixos ou móveis, marcados pelas vivências ou experiências negras, como os terreiros de candomblé e umbanda, as escolas de samba, os bailes *black* e as congadas – aspectos apresentados em tom poético de rara sensibilidade pela própria pesquisadora e ativista no filme de 1989 intitulado *Orí*, dirigido por Raquel Gerber.

Para os atores do Movimento Negro, a sociedade brasileira estaria inconclusa até que parcelas majoritárias da população viessem a ser efetivamente contempladas nas políticas públicas desenvolvidas pelo Estado. Tratava-se então de retirar os afro-brasileiros da situação marginal em que se encontravam até aí, vivendo uma "cidadania relativa", e alçá-los à posição de cidadãos plenos, como participantes ativos das diretrizes da sociedade. Aos poucos, a ênfase deixou de ser dada à denúncia do racismo e foi direcionada para medidas efetivas de combate ao fenômeno, com uma diferença essencial: o Estado passou a ser mobilizado como ator no processo, a partir da discussão e medidas contra o chamado "racismo institucional". O primeiro passo nesse sentido foi a criação, em 1988, da Fundação Cultural Palmares, uma secretaria especial vinculada ao Governo Federal que viria a ter papel propositivo de primeiro plano na preservação, valorização e promoção cultural da memória e patrimônio dos afro-brasileiros.

Um dos marcos fundamentais do percurso político dos movimentos aqui tratados foi a *Marcha Zumbi dos Palmares – contra o racismo, pela cidadania e a vida*, organizada em 1995 em homenagem aos 300 anos da morte de Zumbi dos Palmares – identificado pelos ativistas como símbolo maior da resistência ao escravismo. Foi uma mobilização nacional de grande relevância que colocou a questão negra na agenda dos detentores do poder, de onde surgiram inovações institucionais significativas. Seu principal resultado foi forçar a retirada do Estado de sua tradicional posição de neutralidade em face do racismo, de modo que em 1996, durante o governo Fernando Henrique Cardoso, foi criado o Grupo de Trabalho Interministerial para a Valorização da População Negra.

O divisor de águas no processo de afirmação de um novo paradigma das relações raciais foi a participação brasileira na III Conferência Mundial da ONU contra o Racismo, Discriminação Racial, Xenofobia e Intolerâncias Correlatas, que reuniu mais de 6.000 representantes de governos (africanos, americanos, europeus) e ativistas ocorrida em 2001 em Durban, na África do Sul. O Estado brasileiro enviou uma representação oficial com 185 pessoas credenciadas a representar formalmente o país, entre os quais o então ministro da Justiça, José Gregori, e o secretário nacional de Direitos Humanos, Gilberto Saboia, além de 320 brasileiros representando diferentes entidades da sociedade civil. Assumia-se ali uma agenda de compromissos voltada para a erradicação das desigualdades raciais no Brasil, com a proposição de medidas concretas de combate às discriminações através de um conjunto de políticas e ações afirmativas, cujos efeitos tornaram-se gradualmente visíveis na primeira década do século XXI.

As deliberações e encaminhamentos da Conferência de Durban tiveram reflexos de curto e médio prazo. A posição assumida pelo governo Fernando Henrique Cardoso inverteu a lógica das relações informais que retroalimentavam o "racismo à brasileira" e ofereceu instrumentos políticos pelos quais representantes negros tornaram-se gradualmente propositivos, porque passaram a ocupar espaços de decisão junto aos diferentes níveis do poder público. Na primeira gestão do governo Luiz Inácio Lula da Silva foram criadas, em âmbito federal, em 2003, a Secretaria de Políticas de Promoção da Igualdade Racial (SEPPIR), que gozava do status de um ministério e tinha por meta o estabelecimento de iniciativas contra as desigualdades raciais; e logo depois, em 2004, vinculada diretamente ao Ministério da Educação, a Secretaria de Educação Continuada, Alfabetização e Diversidade e Inclusão (Secadi), que se encarregaria de organizar e propor medidas de caráter educativo para a inclusão étnico-racial de populações negras e indígenas.

Dois dispositivos legais, para além de sua dimensão jurídica, apontam as alterações de rumo da concepção de organização social abertas pelo texto constitucional de 1988. O primeiro ganhou forma em meio a uma complexa e delicada negociação política em torno do projeto proposto pelo senador Paulo Paim, que entre avanços e recuos foi corporificado na Lei Federal n. 12.288/2010, mais conhecida como Estatuto da Igualdade Racial. O segundo, apenas aparentemente menos impactante, foi a aprovação da Lei Complementar n. 150, sancionada em 2015, mais conhecida como PEC das Domésticas, que ao regulamentar e igualar do ponto de vista legal os trabalhadores domésticos às demais categorias profissionais eliminou os últimos resquícios das relações de tipo senhorial, marcadas pela informalidade, o paternalismo e a influência pessoal, à revelia dos direitos formais dos assalariados – constituídos em sua maior parte por mulheres e homens negros.

Em seu Título VIII, capítulo II, artigo 216, V, a Constituição Federal prevê o tombamento de todos os documentos e sítios detentores de reminiscências históricas dos quilombos. Tal dispositivo permitiu o gradual reconhecimento e legalização de inúmeros domínios doados, entregues, ocupados ou adquiridos, com ou sem formalização jurídica, às famílias descendentes de escravos que as ocupavam há várias gerações sem poder regularizá-las e sem poder dispor delas definitivamente.

Os grupos designados a partir do texto constitucional como *remanescentes de quilombos*, e mais usualmente como comunidades quilombolas, encontram-se espalhadas de Norte a Sul do Brasil, frequentemente nas zonas rurais. Com base em dados fornecidos pelo Incra e pela Fundação Cultural Palmares, o geógrafo Rafael Sanzio Araújo dos Anjos identificou a existência, em 2003, de 2.284 dessas comunidades em todo o território nacional – com exceção de Roraima, Acre e Distrito Federal.

Fortemente marcadas pela identidade familiar, por práticas comunitárias e por uma cultura tradicional, as comunidades quilombolas, com o apoio de entidades sociais e da Associação Brasileira de Antropologia, iniciaram ao longo da década de 1990 um movimento pelo reconhecimento oficial por parte do Estado. Em alguns casos também reivindicavam o título de propriedade e demarcação de suas terras, às vezes ameaçadas por fazendeiros, grileiros e empresas de exploração agrícola. Ao mesmo tempo, as lideranças locais quilombolas estabeleceram contatos com seus correlatos, dando origem a entidades representativas de seus interesses em nível estadual e nacional.

É muito provável que a abrangência, a densidade e o significado dos direitos inerentes ao movimento quilombola não tenham sido percebidos imediatamente pelas elites rurais, que logo reagiram e procuraram dificultar o processo de concessão de títulos fundiários mediante contestação jurídica e entraves legais. Em 2004, o atual partido Democratas impetrou Ação Direta de Inconstitucionalidade contra o Decreto 4.887, que regulava o reconhecimento e titulação de comunidades quilombolas, definindo o Instituto Nacional de Reforma Agrária como órgão responsável para isso. Segundo os dados levantados pelo Laboratório de Análises Econômicas, Históricas, Sociais e Estatísticas das Relações Raciais (Laeser), entre 2008 e 2009, o Incra conseguiu liquidar apenas 11% do orçamento previsto para a titulação de terras de remanescentes de quilombos.

Duas produções documentais do cinema negro constituem registros privilegiados dos diferentes contextos de ação dos movimentos sociais descritos. Em *Abolição*, de 1988, Zózimo Bulbul recupera em tom de forte crítica social um vivo testemunho de representativas personalidades públicas, entre os quais Adhemar Ferreira da Silva, o então juiz Joaquim Barbosa e o então governador gaúcho Alceu Collares, acerca dos limites sociais, dificuldades e possibilidades dos afrodescendentes. Na outra extremidade do processo, o cineasta Joelzito Araújo realizou, em 2013, o documentário *Raça: um filme sobre a igualdade*, sobre a mobilização, entre os anos 2005-2011, de três diferentes iniciativas de valorização racial: a malograda tentativa de criação em São Paulo, por Netinho de Paula, da emissora TV da Gente, dirigida especificamente ao público negro; os bastidores da tramitação do

Estatuto da Igualdade Racial no Congresso Nacional; e a luta da líder quilombola Miúda dos Santos, no Espírito Santo, em defesa de sua comunidade, ameaçada pelos interesses de uma poderosa corporação internacional, a Aracruz Celulose.

Ações afirmativas e intelectuais negros

O redirecionamento das políticas públicas voltadas para a inclusão das camadas racialmente discriminadas pode ser observado também na esfera da saúde, com a criação de um conjunto de ações destinadas a melhorar os serviços oferecidos às populações menos favorecidas e tratar doenças que afetavam particularmente as populações negras, entre as quais, por exemplo, a anemia falciforme. Daí resultou, em 2004, a formulação de uma Política Nacional de Saúde Integral da População Negra, com planejamento, gestão e implementação desenvolvidas em âmbito federal, estadual e municipal pelo Sistema Único de Saúde (SUS). Realmente, numa análise dos indicadores sociais, entre 1998-2008, houve ampliação da oferta de atendimento público em saúde para a população negra, de modo que, ao final do período, 69,2% dos serviços através do SUS eram dirigidos a esse segmento.

Duas outras iniciativas foram tomadas para reparar as desigualdades históricas vigentes na sociedade e conferir maior visibilidade e competitividade aos afrodescendentes. A que teve maior repercussão e suscitou maior polêmica dizia respeito à adoção de ações afirmativas no ensino superior público, através de políticas de democratização do acesso e, sobretudo, através de um sistema de cotas mediante reserva percentual de vagas. O objetivo era ampliar e melhorar a capacitação profissional de pessoas oriundas de estabelecimentos públicos de ensino fundamental e médio e de pessoas negras. A outra medida dizia respeito a uma alteração no perfil educacional visando à inclusão de memória ao instituir a obrigatoriedade do ensino de história e cultura afro-brasileira e africana nos currículos escolares, de acordo com o disposto na Lei Federal n. 10.639/2003.

As primeiras universidades a implementar o sistema de cotas raciais em seu processo seletivo foram a Universidade Estadual do Rio de Janeiro, em 2003, e a Universidade de Brasília, em 2004. A seguir, o mesmo aconteceu na Universidade Estadual da Bahia, na Universidade Federal da Bahia, na Universidade Estadual do Norte Fluminense, e em outros 40 estabelecimentos públicos de ensino superior, sobretudo após 2007. A constitucionalidade das cotas raciais foi contestada legalmente junto ao Supremo Tribunal Federal em 2009 sendo confirmada por unanimidade por aquele tribunal e depois transformada na Lei Federal nº 12.711/2012, em que se prevê a reserva de 50% das vagas das Universidades Federais e nas Instituições Federais de Ensino Técnico para estudantes oriundos de famílias de baixa renda que tenham cursado todo o ensino médio em escola pública, e aos estudantes autodeclarados pretos, pardos e indígenas em proporção equivalente ao da população de seus respectivos estados.

Assim, desde 2003, a Lei n. 10.639 sofreu aperfeiçoamentos, ajustes e ganhou notável fundamentação didático-pedagógica em estudos, seminários e produção de documentos junto ao Ministério da Educação. A Lei Federal n. 11.645/2008 a ampliou ao estabelecer também a obrigatoriedade do ensino da história e cultura indígena. Orientações e procedimentos conceituais e teóricos garantiram sua aplicação e efetividade. A lei promoveu alterações no interior das universidades, estimulando-as a criar disciplinas e programas de formação destinados ao ensino das relações étnico-raciais, a história dos afro-brasileiros e a história da África. Em algumas delas, a começar pela Universidade Federal de São Carlos, foram criados grupos de ensino, pesquisa e formação acadêmica orientados pelo princípio da diversidade e pelo multiculturalismo, os Núcleos de Estudos Afro-Brasileiros (NEABs), ou Núcleos de Estudos Afro-Brasileiros e Indígenas (Neabis).

Essas alterações vinculam-se, por sua vez, a gradual difusão, em espaço acadêmico, de ideias, projetos e ações fundamentadas em bases teóricas, que privilegia as dimensões étnico-raciais das formas de expressão de poder e enfocam a sociedade a partir de múltiplas tensões e conflitos, segundo perspectiva crítica aos pressupostos eurocêntricos. Junto a nomes consagrados como Clóvis Moura, Abdias do Nascimento e Nei Lopes, que nos anos 1970-1980 não encontraram interlocução acadêmica e direcionaram suas obras diretamente ao público geral, outro perfil de intelectual negro ganhou forma no decurso dos anos 1990.

Atuando no interior da universidade tais pesquisadores souberam articular competência acadêmica e compromisso social em diversas áreas do conhecimento, seja a Geografia (Milton Santos, Rafael Sanzio de Araújo), Economia (Marcelo Paixão), Educação (Nilma Lino Gomes, Petronilha Beatriz Gonçalves e Silva), Antropologia (Kabenguele Munanga), Sociologia (Lélia Gonzales, Petrônio Domingues, Valter Roberto Silvério), Comunicação (Muniz Sodré), História (Flávio dos Santos Gomes, Paulino Cardoso, Wlamyra de Albuquerque). Data de novembro de 2000 o I Congresso Brasileiro de Pesquisadores Negros (Copene) na UFPE, em que se decidiu pela criação da Associação Brasileira de Pesquisadores Negros.

Identidades reconfiguradas

Associadas ao contexto de expansão capitalista em escala global que ganhou contornos bem definidos no período posterior à Guerra Fria, a diversificação social e afirmação política de minorias racialmente discriminadas andou em paralelo com os interesses econômicos da sociedade de consumo. Torna-se gradualmente perceptível a estratégia de alargamento da oferta de produtos étnicos diversificados e a idealização de mercadorias destinadas a camadas sociais negras com maior capacidade de compra.

A ampliação da oferta de produtos de beleza, de vestuário e de artigos de entretenimento sugere a existência de uma visão empresarial atenta aos gostos particulares de uma classe média negra com poder de compra e muita disposição em ver modificadas as atitudes de discriminação e do racismo. A valorização da estética negra, de estilos e performances que expressam o modo de ser negro no mundo tornaram-se objeto de exaltação e encontram inspiração em periódicos dirigidos preferencialmente a esses segmentos sociais, cujo caso mais ilustrativo é o da revista *Raça Brasil*, em circulação desde 1996.

A oferta de produtos culturais inspirados no ideário afro, ou influenciados por ele, pode ser notado de modo mais evidente no mercado da música. Certos ritmos e estilos dirigidos ao consumo popular por bandas de pagode (entre os quais o Só pra Contrariar, Raça Negra, Molejo etc.) e bandas de Axé Music (Ara Ketu, É o Tchan, Terra Samba) correspondem aos seus congêneres do estilo sertanejo, do forró etc. Menos influenciado em seu nascimento pelas mídias e interesses econômicos é o som dos bailes de funk carioca, que logo teve sua sonoridade e forte apelo erótico difundidos nas rádios de todo o país.

Alguns movimentos artístico-culturais emergentes das periferias urbanas constituíram, a partir os anos 1990, alternativas a esse processo de mercantilização de produtos afro, e só parcialmente dialogam com a indústria cultural. No caso do hip-hop paulista e carioca, é nítida a percepção que se trata de uma música e um ritmo nascido no gueto, e, como tal, vinculado aos ideais culturais das minorias e potencialmente capaz de denunciar as desigualdades sociais e raciais dominantes. Arte e cultura têm sido também considerados meios de inclusão e de promoção da cidadania pelos idealizadores e ativistas do Grupo Cultural AfroReggae, criado em 1993 na favela de Vigário Geral, no Rio de Janeiro. Em Recife, data de 1995 a gestação do movimento MangueBeat, expresso nas canções de Chico Science e Nação Zumbi e da banda Mundo Livre, onde os ritmos de origem africana como o maracatu foram relidos e adaptados ao ritmo pop, com letras de denúncia das condições precárias das populações marginalizadas que sobreviviam dos caranguejos do mangue.

Um dos espaços de maior inovação das estéticas negras foi criado em Salvador, onde organizações não governamentais de gestão cultural deram origem a movimentos de grande impacto público. O mais significativo deles nasceu com o bloco carnavalesco Olodum, criado em 1979, que logo se tornou grupo cultural, cujo diferencial era o amplo uso de instrumentos de percussão. O sucesso alcançado no final dos anos 1980 garantiu sucesso comercial, visibilidade nos meios de comunicação, maior capacidade de produção, alcance e difusão internacional. Junto com o bloco Ilê Aiyê e o bloco Filhos de Ghandy, é uma das melhores expressões da identidade negra ressignificada e valorizada como produto cultural.

Outro produto cultural afro-brasileiro que exerceu grande influência nas últimas três décadas foi a capoeira, que desempenha hoje papel de primeiro plano na divulgação de uma imagem positiva do país no exterior. Tanto a *capoeira regional*, idealizada por mestre

Bimba, quanto a *capoeira de Angola*, ensinada por mestre Pastinha, projetaram-se no exterior, sendo amplamente praticadas em todos os continentes. Das ruas de Salvador para o mundo, o reconhecimento do valor artístico, estético, marcial e cultural da capoeira deve muito a notoriedade de pessoas que souberam preservar as tradições ancestrais que deram a ela fama e prestígio, processo retratado com grande eloquência no documentário de 2004, dirigido por Lázaro Faria, intitulado *Mandinga em Manhattan*.

A Bahia serviu de cenário inicial para outra reconfiguração das tradições culturais de matriz africana. Foi a partir de Salvador que teve início, em 1983, por ocasião da II Conferência Mundial da Tradição dos Orixás e Cultura, um manifesto assinado por cinco das mais respeitadas ialorixás baianas, das casas do Gantois, do Ilê Axé Opô Afonjá, da Casa Branca, do Bogum e do Alaketu, documento idealizado por Mãe Stella de Oxóssi, pelo qual se reivindicava a posição de religião ao candomblé. A intenção era afirmar a originalidade e especificidade das matrizes étnico-culturais jejê-nagô aos cultos praticados na Bahia, reconhecendo nelas os traços diferenciais da africanidade.

A politização e a organização das religiões de matriz africana tiveram curso desde então, e se admite hoje a pluralidade de cultos, práticas e rituais ao vasto conjunto de manifestações de norte ao sul do Brasil. A variedade de formas assumidas pelo Carimbó da Ilha do Marajó, pelos cultos aos caboclos e encantados das Casas das Minas do Maranhão, pelos terreiros de Umbanda de Minas Gerais, São Paulo e Rio de Janeiro, ou pelo Batuque gaúcho, atesta o extraordinário dinamismo das crenças populares de origem africana adaptadas e reconstituídas em solo brasileiro num rico processo de trocas com o catolicismo e com as tradições ameríndias. Diversas quanto a sua forma, ao reconhecer o legado imaterial africano, tais manifestações pleiteiam reconhecimento, respeito e liberdade de culto junto aos poderes públicos num contexto de agravamento das tensões religiosas em meio urbano em virtude da escalada político-religiosa dos movimentos neopentecostais – cujo discurso estimula a intolerância, a estigmatização e perseguição daquilo que consideram como obra do demônio e paganismo.

Palavras finais

A análise de dados de natureza socioeconômica permite supor que este amplo quadro de transformações não produziu alterações significativas no cenário social brasileiro. Embora tenha havido certa ampliação da oferta de serviços públicos às populações negras menos favorecidas, no quesito raça/cor, os dados do Censo Nacional, realizado em 1998, apontavam acentuada desigualdade na distribuição percentual de renda, na taxa de alfabetização e na quantidade média de anos de estudo de brancos, pretos e pardos. O desequilíbrio salarial era ainda maior entre o salário de homens e de mulheres, com grande prejuízo para as mulheres negras – que era o grupo mais prejudicado na distribuição da renda. Quanto à taxa de alfabetização, a proporção de analfabetos afrodescendentes era muito maior (20,8%) do que a de analfabetos brancos (8,4%). A média de anos de estudos dos afrodescendentes era em dois anos inferior à média da população branca.

Onze anos depois, em 2009, o núcleo de pesquisa Observatório das Metrópoles, vinculado a Universidade Federal do Rio de Janeiro, em pesquisa sobre a distribuição populacional em espaços urbanos das 17 cidades mais importantes do país, apontava, com variações, a persistência de desigualdades naqueles espaços. Na distribuição, as assimetrias mostraram-se maiores nos bairros ocupados por brancos de elevado *status* social, com melhor infraestrutura, enquanto as áreas ocupadas majoritariamente por pretos e pardos eram compartilhadas por brancos de baixo *status* social. O que ocorria, segundo os pesquisadores, era um gradual embranquecimento das posições de *status* superiores em detrimento da participação de pessoas de origem preta ou parda, isto é, afrodescendentes.

Em síntese: tirada da invisibilidade em que era historicamente mantida, a população negra não desfruta ainda de igualdade de oportunidades, mas tem consciência de seu percurso, de seus objetivos e da própria responsabilidade pela transformação de sua realidade. A potência da voz do sambista Jorge Aragão faz ressoar aquilo que pode sintetizar a posição dos negros em nosso cenário social contemporâneo: "Quem cede a vez não quer vitória/Somos herança da memória/Temos a cor da noite/Filhos de todo açoite/ Fato real de nossa história".

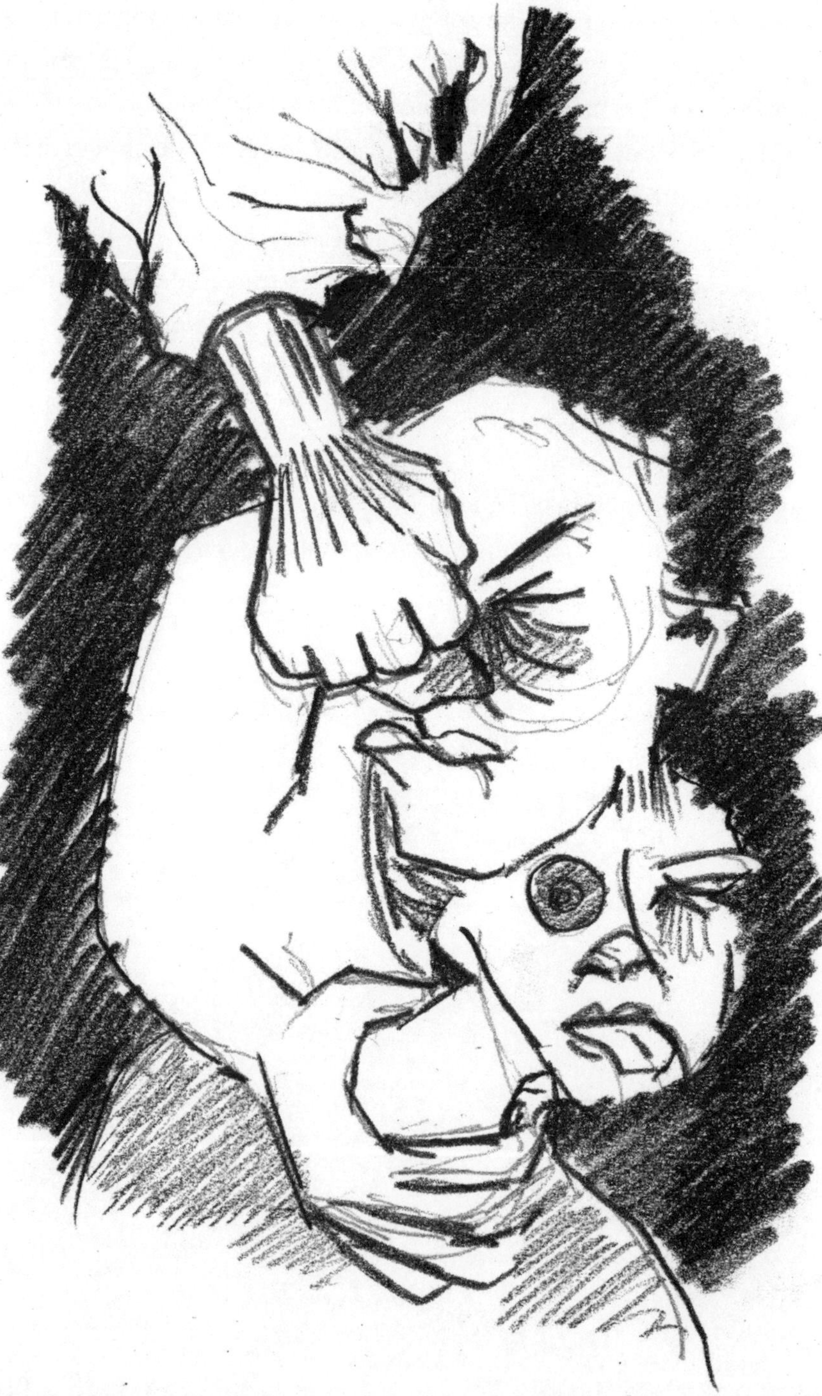

Violência

Renato Sérgio de Lima

A socióloga Flávia Schilling lembrou-me, recentemente, de um conceito-chave para compreender a permanência histórica da violência como linguagem e como uma das mais marcantes características societárias do país. Trata-se do conceito "terra devastada", que aqui mobilizo para refletir sobre situações-limite; sobre momentos históricos em que todos os referenciais morais e políticos perdem sentido e parecemos embarcados em uma nau sem rumo a navegar por oceanos hostis e desconhecidos. Inspirado por esta lembrança, vale pensar como, 30 anos após a retomada democrática, o Brasil parece ter submergido em um profundo transe que não apenas solapa o presente, como, sobretudo, explicita as omissões e graves fraturas na construção de um projeto de prevenção desta violência, controle do crime e garantia da vida e de direitos no Brasil

Projeto este que, quando da criação da Editora Contexto, em 1987, imaginávamos irreversível, talvez ainda sob o efeito da convocação da Assembleia Nacional Constituinte naquele mesmo ano. Havia a crença em uma inexorável modernização do país que tomava conta da nação e que era em muito motivada pelo sentimento de que o país atravessava uma profunda crise hiperinflacionária e política, mas que algo deveria e seria feito. E, para tanto, bastaria olhar para o que ocorria no mundo sob a batuta de Ronald Reagan, Margaret Thatcher e Mikhail Gorbachev, que estavam transformando o cenário geopolítico global e que, em 6 de novembro de 1989, culminou com a queda do Muro de Berlin e o fim da Guerra Fria. Nos anos 1980, operava-se uma mudança completa na forma de se pensar a história – mudança esta que fez com que, na empolgação dos acontecimentos, Francis Fukuyama retomasse a ideia do fim da história enquanto mudanças sociais mais significativas.

Passada a empolgação com o fim da Guerra Fria, a entrada em cena de novos atores globais como os Brics (Brasil, Rússia, Índia, China e África do Sul), que pressionariam por transformações nas regras de governança do planeta e incentivariam a emergência da cooperação Sul-Sul; o crescimento econômico chinês; a corrida por uma nova matriz energética menos dependente do petróleo do Oriente Médio; a revolução tecnológica, digital e das comunicações impulsionada pela internet; as crises econômicas, como a vivida em 2008 ou as crises humanitárias e de refugiados recorrentes (Síria, Líbia, Haiti ou em várias nações da África); os ataques terroristas da Al-Qaeda às torres gêmeas e do Estado Islâmico com suas decapitações midiáticas e seus "lobos solitários"; as prisões em Guantánamo; a guerra às drogas na América Latina e Central; e as novas ondas de xenofobia, intolerância e culto ao ódio passaram a fazer parte do cotidiano do mundo e acabaram com todas as antigas certezas; resultaram, inclusive, no resgate dos nacionalismos, cuja maior emblema será por anos a saída inglesa da União Europeia (Brexit) e a eleição de Donald Trump para a presidência dos EUA.

E, como era de se esperar, o Brasil não ficou imune a esses processos históricos e geopolíticos. Inicialmente, ao final da década de 1980, o país emergia disposto a repactuar regras de convivência entre seus cidadãos e, em 1988, promulga a "Constituição cidadã", cuja centralidade na vida do país parecia que iria selar as pazes do Estado com a sociedade, reforçar direitos sociais e políticos e incluir milhões de brasileiros e brasileiras em um novo e mais justo modelo de desenvolvimento. Entrávamos no clima de otimismo do momento e um projeto de país era anunciado; a utopia da paz e do equilíbrio mundial renovava, à época, nossas esperanças por uma vida melhor. Mas a questão é que a nossa coragem em modernizar o país não foi completa e foi interrompida e contagiada por preconceitos, traumas do Golpe de 1964 e tabus.

Em termos econômicos, nos anos 1990 e 2000, o Brasil levou adiante esse novo projeto de país e passou por um forte movimento de ajuste e estabilidade macroeconômica, de ampliação de programas sociais e de redução da pobreza e da desigualdade. Nesse período, o país experimentou diversos ganhos sociais e econômicos: indicadores de renda, qualidade de vida, escolaridade e habitação, por exemplo, apresentaram significativas melhoras. O sentimento era de que, enfim, o gigante deitado eternamente em berço esplêndido se levantava e se lançava com força para o futuro – sentimento que fora tão bem traduzido na capa da revista *The Economist* do final de 2009 e que, iconicamente, retratava a estátua do Cristo Redentor, no Rio de Janeiro, decolando como que um foguete rumo ao espaço. Mas a utopia da paz foi cedendo espaço para um cenário distópico de devastação moral e política.

Múltiplos acontecimentos e narrativas cruzadas foram se sobrepondo e o Brasil foi se dando conta, ainda que tardiamente, de vários dos seus erros e tragédias. No plano econômico, por exemplo, percebemos apenas nos anos 2010 que o país adotou um modelo em muito dependente de exportação de commodities e dos *royalties* do petróleo. E, quando os humores internacionais mudaram e novos cenários geopolíticos foram se consolidando, o país não se mostrou capaz de se antecipar às dificuldades e reagir. Ao mesmo tempo, o flagelo da corrupção e a perversidade da lógica patrimonialista que a incentiva foram alçadas a tema da agenda política nacional, em especial após as grandes manifestações sociais de 2013, que sinalizaram para o esgotamento do sistema de representação política e para a enorme insatisfação da população com o modo como a política é exercida no país.

Sem dúvida, nossas opções institucionais mostraram-se por demais frágeis e sem lastro de realidade, já que muitas das reformas estruturais necessárias à estabilidade da Nação não foram conduzidas e, pior, foram interditadas por disputas de poder e de interesses privados. Em muito porque, não obstante o sentimento de modernização que tinha tomado conta do imaginário social no final dos anos 1980, a gestão da máquina pública mostrou-se até hoje pouco aderente aos princípios da Constituição de 1988 e mais disposta a manter espaços opacos de poder.

E, enquanto isso, entre otimismos, patrimonialismos e crises da *realpolitik*, uma variável foi se mostrando constante no país: a violência. Não à toa, muitos dos autores clássicos do pensamento social brasileiro como Gilberto Freyre, Maria Sylvia de Carvalho Franco, Sérgio Buarque de Holanda, Raimundo Faoro ou Victor Nunes Leal, bem como autores da sociologia contemporânea, a exemplo de Alba Zaluar, César Barreira, José de Souza Martins, José Vicente Tavares dos Santos, Luiz Antônio Machado da Silva, Paulo Sérgio Pinheiro e Sérgio Adorno, entre outros, narram a violência como parte constituinte das nossas relações sociais. A violência, seja ela cometida pelos "criminosos", pela sociedade ou pelo Estado, ainda é vista como uma resposta legítima frente ao crime, ao medo e à insegurança.

E esse medo não é fictício ou irreal. Ele pode ser constatado até mesmo pelas precárias estatísticas públicas divulgadas no Brasil, que enfrentam não poucos obstáculos conceituais, metodológicos e políticos institucionais para servirem como um retrato da realidade brasileira na área, mesmo que, pela lei, exista previsão de que elas sejam produzidas desde 1871. Elas são um dos *fronts* mais renhidos da batalha pela democratização da informação e pela defesa da prestação de contas e responsabilização (*accountability*) enquanto ferramenta de governar.

Assim, segundo os vários indicadores compilados desde 2006 pelo Fórum Brasileiro de Segurança Pública, pelo IPEA e por pesquisas de outras organizações, o Brasil mostrou-se incompetente nesses últimos 30 anos em reduzir a violência e garantir direitos civis para a sua população. Nesse período, várias são as evidências do nosso fracasso civilizatório e algumas merecem ser rapidamente sumarizadas. Em termos globais, por exemplo, o país é responsável, em média, por 12% dos homicídios do mundo apesar de abrigar apenas 3% da população mundial.

Isso porque, durante duas décadas, a partir dos anos 1980, a taxa de homicídios nacional cresceu em média 20% ao ano e, em 2014, convivemos com cerca de 60 mil homicídios anuais (uma taxa de mais 28 homicídios para cada 100 mil habitantes), mais de 50 mil estupros registrados e índices inaceitáveis de letalidade e vitimização policial, que se traduzem na morte de ao menos 8 pessoas por dia pela intervenção das polícias e faz com que o risco de um policial ser morto seja, em média, 3 vezes superior ao da população em geral. O Brasil é considerado mais letal do que países em guerra e praticamente a metade (49%) da sua população tem medo de ser assassinada.

Mas a violência não atinge a todos de forma equânime. A maior parte dos homicídios está concentrada na região Nordeste do país e vitima jovens entre 15 e 24 anos, negros (pretos e pardos) e inseridos em contextos de vulnerabilidade social, urbana e de conflitos interpessoais (moradores de favelas, brigas em bares, violência doméstica, contra a mulher, entre outras modalidades). Nesse contexto, o risco relativo de um jovem negro morrer assassinado é, na média brasileira, 2,5 vezes superior ao de um jovem branco, sendo que em alguns estados como Pernambuco e Paraíba, esse risco sobe para 11 e 13 vezes, respectivamente. Além disso, as mortes concentram-se em determinados bairros e territórios e, em 75% das vezes, são cometidas com o uso de armas de fogo (em sua maioria armas leves, como revólveres e pistolas, e de fabricação nacional). Sob essa ótica, os homicídios assumem características multicausais e não podem ser reduzidos a uma única motivação, como muitas vezes discursos eleitoreiros reducionistas fazem crer.

Não bastassem esses trágicos números, temos que lidar com as constantes ameaças do crime organizado, com a corrupção, com o crescimento dos roubos e latrocínios (quando um roubo resulta em morte), com os linchamentos, as mortes de índios e de os conflitos agrários. Convivemos ainda com altas taxas de impunidade (apenas cerca de 10% dos homicídios do país são esclarecidos e, dentre esses, em algumas cidades demora-se até 9,5 anos para se levar um réu identificado a julgamento). Ao mesmo tempo, temos que administrar aproximadamente 610 mil presos cumprindo penas de prisão no Brasil, sendo que, em média, 45% deles são presos provisórios e aguardam julgamento. Somos o país com a quarta maior população carcerária do mundo, perdendo apenas para EUA, China e Rússia. Porém, enquanto essas outras três nações têm diminuído seu número de presos nos últimos anos, o Brasil vai na contramão e prende cada vez mais. Mas, pelas evidências, prende errado e de acordo com concepções de política criminal e visões de mundo no mínimo equivocadas.

Em suma, todos temos uma história de violência a contar ou conhecemos quem dela já tenha sido vítima. Como descreveu a antropóloga Teresa Caldeira, as cidades e as pessoas vão se moldando à arquitetura do medo e da insegurança e vão reduzindo seus espaços e circulação e convívio social. A violência, como nos ensina George Simmel, em *Metrópole e a vida mental*, nos dessensibiliza e, em vários momentos, é cultuada por segmentos expressivos da população como resposta possível do Estado frente ao crime ou, até mesmo, como recurso legítimo frente às estruturas desiguais da sociedade brasileira. Há uma forte fratura social sobre como lidar com crimes e criminosos e, pelos levantamentos disponíveis, temos que 57% dos brasileiros concordam com a frase "bandido bom é bandido morto".

Ou seja, o país experimenta uma acentuada batalha simbólica pela legitimidade do matar. E, consequentemente, algumas mortes serão aceitas como inerentes à "guerra" instituída entre segmentos da própria sociedade brasileira, que muitas vezes irá reforçar a histórica e perversa fratura da sociedade entre "cidadãos de bem" e "bandidos", sendo que aos primeiros a garantia regulada de direitos sociais e políticos e aos últimos o rigor da lei e da vingança – lembrando que a escravidão já foi legal e moralmente aceita no Brasil. Mas, em mais uma evidência da crise ética que nos assola, esse parece ser um tema relegado ao mesmo silêncio que a agenda de direitos civis e humanos tem merecido no Brasil; um tema tabu que nos paralisa.

E, em meio a essa complexa teia social e no cotidiano das cidades, as ameaças do crime, as altas taxas de violência e a baixíssima capacidade dos órgãos de segurança e justiça em evitar a impunidade mostram que, no que diz respeito às políticas públicas de segurança, o Estado opera um oneroso sistema (nossas instituições policiais gastam, proporcionalmente ao PIB de cada país, o mesmo que os EUA e várias outras nações europeias) e um forte paradoxo que erode a confiança nas leis e nas instituições, de um lado, e abre, por outro, margens para medidas de extremo rigor e para a desconsideração de garantias e direitos civis. Muito se trabalha, mas pouco se faz para mudar a realidade. Não temos garantido o monopólio legítimo da violência nas mãos do Estado.

Por esse paradoxo, as polícias geram mais temor do que confiança e respeito, e o Ministério Público e o Poder Judiciário aparecem como distanciados da realidade, acatando sem maiores questionamentos o padrão de trabalho e o resultado do filtro realizado pelas polícias. Já governos e legisladores oscilam entre se omitirem de responsabilidades ou assumirem o discurso do pânico e reproduzirem propostas impressionistas e sem nenhuma garantia de impacto real na redução do medo e da violência. E, na brecha, a insegurança e a violência acabam fortalecendo o crime e pautando a relação entre polícia e comunidade; entre Estado e sociedade.

Mas por que isso ocorre? Entre outras razões, porque há no país fortes disputas acerca do significado de lei, ordem e segurança. A nossa legislação e a jurisprudência dos nossos tribunais não definem o que vem a ser segurança e ordem públicas, dizendo apenas quais instituições por elas são responsáveis. Na ausência de balizas legais, caberá à doutrina jurídica e à prática cotidiana das polícias e demais instituições do sistema de justiça criminal definirem quem será objeto de sua atenção e vigilância. Uma enorme zona cinzenta é gestada quase como um simulacro de justiça e de segurança, pelo qual a manutenção da ordem é reivindicada a partir dos princípios do Estado Democrático de Direito vigente, mas operada no dia a dia com base em práticas institucionais e culturas organizacionais pouco ou nada democráticas. Um simulacro que espelha qualquer tentativa de modernização efetiva da segurança pública.

É fato que avanços democratizantes até existiram nesses 30 anos, mas quase todos focados na administração da circulação legal ou ilegal do dinheiro e do patrimônio. A vida vale muito pouco no país. Até foram feitas conquistas nas esferas cívil, de família, do consumidor, do combate à corrupção e à indenização de anistiados políticos. Entretanto, quando o foco desloca-se para a proteção da vida, há enormes segmentos da burocracia pública que ainda são movidos por uma cultura política autoritária e violenta e que não foram objeto de reformas substantivas mesmo após a onda de mudanças inaugurada pela Constituição de 1988. Como tradução, no plano sociopolítico, o Estado brasileiro e muitos segmentos da população não aceitam nem reconhecer que suas polícias matam demais, na ideia de que tais condutas seriam legítimas pois feitas em defesa da sociedade e contra "bandidos".

E isso nos faz nos julgar corajosos e especialistas para falar de economia, de política, de terrorismo islâmico, de combate à corrupção e de programas sociais, mas, em paralelo, lenientes e cúmplices com a morte anual de milhares de pessoas, sobretudo os jovens, sejam eles policiais ou não policiais. Vivemos numa guerra muda e que parece não mais provocar indignação social desde que circunscrita às periferias e favelas. E, em meio à exploração do medo e deste traço de identidade do brasileiro, mercadores misóginos e intolerantes da morte, travestidos de justiceiros e defensores da moral e dos bons costumes; dos "indefesos" e "desarmados" cidadãos, vão ganhando eleições e espaço no debate público da década de 2010.

Na crítica aos governos de esquerda que marcaram a década de 2000 na América Latina – que na segurança pública não se mostraram em nada diferentes de governos conservadores ou de direita –, o país está vendo crescer um movimento sectário perigoso, que eleitoralmente se assemelha ao que também estamos vendo nos EUA e na Europa, com a diferença básica de que, aqui, o inimigo é interno.

Fantasmas da Guerra Fria são ressuscitados, como o medo do "comunismo", seja lá que isso signifique em terras tupiniquins, bem como novas bandeiras são levantadas, como a da "escola sem partido", a denúncia da ideologia de gênero, resgate dos valores da religião ou a negação do racismo. E, para combater esse inimigo, surgem propostas para que conquistas da Constituição de 1988 sejam revistas, como o fim da universalidade das políticas sociais ou a limitação de direitos. Nesse movimento, temas que nem mesmo a Carta Magna teve coragem de enfrentar, como o da segurança pública, tendem a continuar interditados e reféns do medo e da violência. A cidadania continuará sendo garantida apenas para uma parcela da população.

E, em um país de resistente tradição violenta e autoritária e que vive em uma consciência superpovoada e dada à fadiga, nas palavras de Elizabeth Hardwick, ficamos à espera de um salvador que nos conduza à grandeza da nação, talvez como resquício de um sebastianismo que marca nossa herança cultural, além de estarmos, ao que tudo indica, experimentando quase que como um macarthismo à brasileira a perseguir toda e qualquer voz destoante do pensamento conservador que compreende a manutenção da ordem como imposição de um único e hegemônico modelo de comportamento e de projeto de país, independente de ele ser anterior ao ciclo de retomada democrática.

    O drama é que, em nome desta concepção de ordem, o Brasil flerta e caminha a passos largos para a devastação total da ideia de nação, bem como a volta discursiva da intolerância e da violência como instrumentos de governar, em um perverso retrocesso simbólico e político. E, tudo isso, sob o aplauso de milhões de brasileiros... Nosso maior desafio para os próximos trinta anos será, portanto, o de transformar a vida em nosso maior valor ético e moral. Ou, do contrário, continuaremos embarcados em uma nau perdida no rio Tibre, primeira e longa travessia que leva as almas até o Purgatório, tão bem descrito na *Divina Comédia*, de Dante Alighieri.

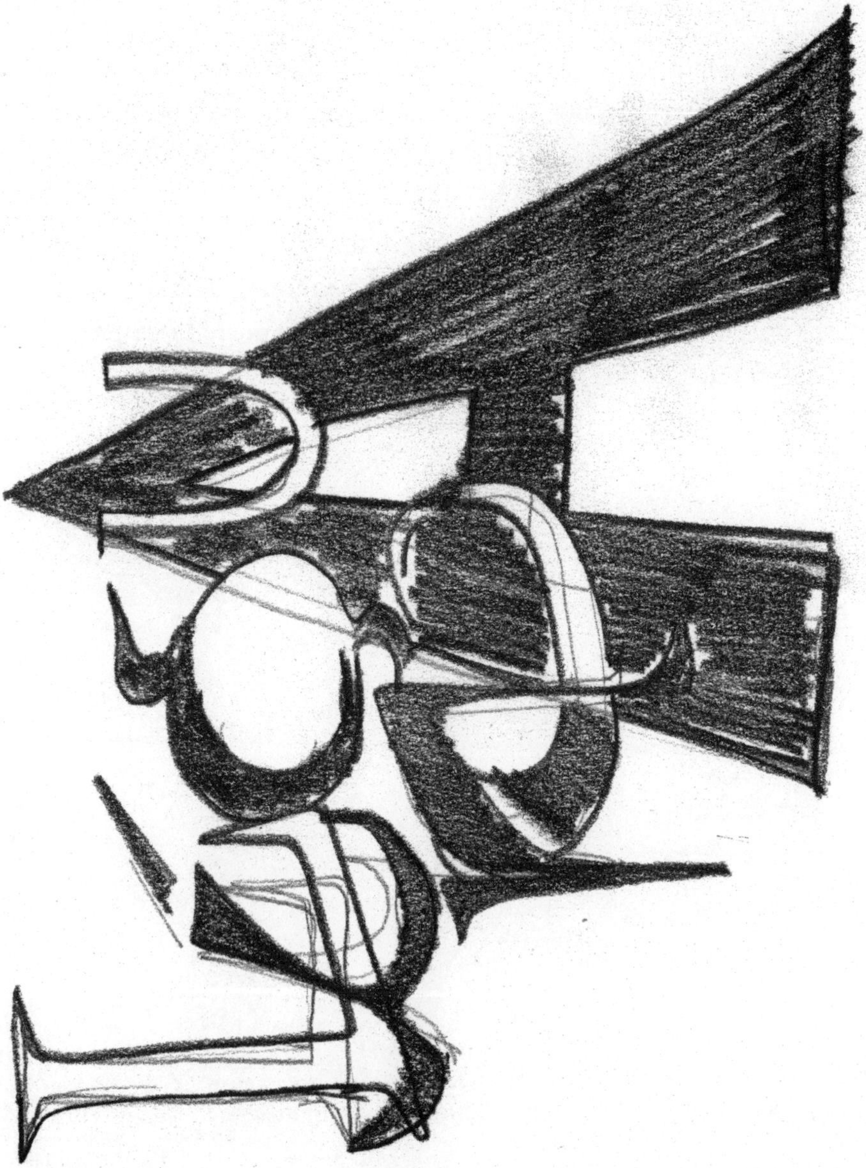

Transformações da língua

Dermeval da Hora
Thaïs Cristófaro Silva

"A língua portuguesa é o idioma oficial da República Federativa do Brasil": artigo 13, Capítulo III, da Constituição de 1988. O português. Uma única língua oficial em um país multicultural! Nos últimos 30 anos, vários aspectos mudaram em relação ao panorama linguístico previsto pela Constituição de 1988. Em um país que se desabrochava como urbano, em contraponto com o rural, tínhamos que a diversidade linguística era mascarada. A urbanização da sociedade brasileira e o maior acesso ao ensino formal, possivelmente, foram fatores que levaram a mudanças importantes no "português".

Não foi apenas a urbanização da sociedade brasileira que contribuiu para mudanças significativas no português e no cenário linguístico do Brasil. Em um movimento de inclusão dos surdos vimos, em 2005, a Língua Brasileira de Sinais (Libras) se tornar língua oficial do Brasil (Decreto 5626/2005). A inclusão, em geral, ainda deve ser expandida no Brasil, mas, ao longo dos últimos 30 anos, tivemos outros avanços no panorama linguístico do país.

As inúmeras línguas indígenas faladas no Brasil, antes encobertas pela unidade linguística nacional, passaram a ser estudadas, também, por membros das comunidades falantes dessas línguas. Em muitas comunidades indígenas o ensino da língua materna e/ou bilíngue é implementado buscando superar as décadas de opressão a esses povos. É a inclusão de uma população cultural e linguisticamente diferenciada. Vimos também que, no último país a abolir a escravatura, as línguas africanas passam a ser reconhecidas e estudadas como bens imateriais de comunidades quilombolas. As várias línguas de imigração passaram também a ser consideradas parte da diversidade linguística brasileira, sendo assumidas como línguas oficiais em alguns municípios brasileiros. É o Brasil buscando assumir a sua identidade multicultural, aceitando a diversidade, buscando a inclusão através de conquistas socioculturais. E o português?

O português, como língua oficial, tende a neutralizar as diferenças linguísticas existentes em um país multicultural. A unidade política nacional não representa a unidade linguística da nação. Na prática, as coisas não funcionariam assim de maneira tão simples como se desejava. Em um país com fortes movimentos migratórios, deixando desabrochar a busca pelo urbano, resultado de inúmeras forças, presencia-se uma diversidade linguística mascarada para atender ao que havia sido estabelecido. À medida que a língua portuguesa vai assumido diferentes feições com características que vão diferenciando-a do português de Portugal, ela passa a ser denominada por alguns estudiosos como "português no Brasil" ou "português do Brasil", sendo, eventualmente, emancipada como "português brasileiro", carinhosamente referido hoje em dia como PB (pebê).

Nos últimos 30 anos, os estudos linguísticos do PB ganharam descrições e análises de diversas variedades regionais, superando os estudos quase que exclusivamente centrados nas variedades linguísticas do Rio de Janeiro e São Paulo. Os vários atlas linguísticos do Brasil apontam para a riqueza de nossa diversidade linguística. Assim, considerando-se a urbanização da sociedade brasileira, a ampliação do acesso ao ensino formal por pessoas menos privilegiadas socialmente e a inclusão da diversidade sociocultural, haveria, certamente, de se rever o que é a "norma culta" do PB. Este é um debate em curso!

Sobre o português brasileiro

O PB tem enorme complexidade quando é considerado parâmetro sociocultural dos falares regionais e sociais. Não há um falar que seja superior ou inferior a outro. Todos são igualmente complexos, estruturados e representam sistemas linguísticos adequados. Ou seja, os diferentes falares são apenas diferentes entre si. Não existe evidência para sugerir que um falar seja mais expressivo, mais lógico do que qualquer outro, ou postular que há falares que são primitivos ou inadequados, quando comparados entre si.

Todos os falares têm gramáticas, e elas são equivalentes no verdadeiro sentido da palavra. Gramática é compreendida como um conjunto de propriedades diversas que oferecem instrumentos para efetivar a comunicação humana. O termo, dentre outras coisas, se refere à forma como as palavras são combinadas nas sentenças, às relações que existem entre as sentenças, também às funções das diferentes partes da fala e às restrições sobre que combinações de palavras são possíveis.

Uma questão que se faz relevante é: se todos os falares têm gramáticas suficientemente boas, qual seria a gramática a ser considerada padrão da língua, ou que define a norma linguística daquela língua? Para refletirmos sobre essa pergunta, devemos compreender a natureza da variação e da mudança linguística.

Toda mudança linguística, quando se concretiza, é precedida de variação. O PB tem um processo fonológico variável que ilustra a presença de regras em embate: uma regra que se denomina vocalização de 'l' e outra de apagamento de 'l'. As suas regras se aplicam em final de sílaba, sendo que no primeiro caso o 'l' é pronunciado como [w] – *jorna[w], pape[w], ani[w]* – e no segundo caso o 'l' é apagado - *jorna[ ], pape[ ], ani[ ]*. Apesar da vocalização do 'l' se aplicar em quase todo território brasileiro, não se pode dizer que essa mudança se concretizou, pois uma regra que apaga o 'l' se mantém, principalmente, nas camadas sociais menos privilegiadas.

As regras de vocalização e de apagamento do 'l' têm como condicionador linguístico o contexto de final de sílaba e como um dos condicionadores sociais as classes menos privilegiadas para a aplicação da regra de apagamento do 'l'. Em nível da sintaxe, inúmeros estudos foram realizados no PB analisando as regras de concordância nominal e verbal. Considere os seguintes exemplos:

(1) a. *Os meninos alegres chegaram.*
b. *Os menino alegre chegaru.*
c. *Os menino alegre chegou.*

De maneira geral, no PB a concordância de plural tanto nominal quanto verbal é uma regra variável. Assim, são atestados exemplos como *Os meninos alegres chegaram* e *Os menino alegre chegaru*. Também é possível o uso de *Os menino alegre chegou*. Como se pode observar, o determinante (*Os*) se mantém nos três casos, enquanto nomes e verbos alternam-se variavelmente nos três exemplos de (1). O que determina essa variação é a correlação com fatores de ordem linguística, social e estilística. Do ponto de vista social, sabe-se que falantes com mais escolaridade preservam a concordância, e também que mulheres fazem mais concordância do que homens. Do ponto de vista linguístico, a posição de determinante favorece a manutenção da marca de plural '*s*'. Considerando-se o estilo, pode-se dizer que em estilos mais formais as marcas de concordância são asseguradas. O que é relevante nesse momento é indicar que os três exemplos apresentados expressam o mesmo conteúdo de maneira diferente. Portanto, estudos detalhados de variação, têm indicado que há uma regularidade sistemática da variação. A seleção da sentença *Os meninos alegres chegaram* em detrimento das outras como sendo da língua padrão define condutas e atitudes mais ou menos prestigiadas ou estigmatizadas. Inúmeras vezes a variação linguística é avaliada por meio de fatores externos à língua. É o caso, por exemplo, da variação regional.

Geralmente, no PB, são identificados diferentes falares que se caracterizam pela região de origem do falante. Assim, tem-se um falar nordestino, um falar nortista, um falar sulista etc. Mas é interessante que não se tem um falar *sudestino*! Há quem acredite que nortistas e nordestinos falam da mesma maneira, mas ninguém acha que cariocas, paulistas e mineiros falam de maneira equivalente. A falta de divulgação dos estudos realizados nas regiões Norte e Nordeste justifica o equívoco. No caso do Sudeste, os estudos realizados até o momento apontam características que individualizam os falares. Assim, *a priori*, é fácil associar o som chiado do '*s*' ao falar carioca, o uso retroflexo do som de '*r*' ao falar do oeste paulista ou o apagamento de sílabas ao falar mineiro (*sábado passado* > *sápassado*). O certo é que não há parâmetro linguístico para avaliar um falar ou sotaque como melhor ou pior do que qualquer outro. Julgamentos que parecem ser sobre a língua, são, de fato, julgamentos baseados em valores culturais e sociais, e têm muito mais a ver com a estrutura social da comunidade do que com a língua em si. O que acontece é que, em qualquer sociedade, diferentes grupos de pessoas são avaliados de formas diferentes. Alguns grupos têm mais prestígio do que outro, e, como resultado, formas de falar e sotaques associados a esses grupos de prestígio tendem a ser mais favoravelmente avaliados do que outros falares, ou sotaques, diferentes que assumem o rótulo de estigmatizados.

Uma questão que se levanta é: o que envolve a padronização de uma língua? A noção de padronização se aplica a muitas coisas além da língua, como, por exemplo a pesos e medidas. Por razões funcionais, é desejável que nesse caso haja comum acordo entre os usuários quanto ao valor exato de cada objeto em relação ao peso ou medida, de maneira que haja consenso e precisão, definindo a uniformização de padrões. Assim, como um processo, a "padronização" consiste da imposição da uniformidade sobre uma classe de objetos. Dessa forma, a mais importante propriedade estrutural de uma variedade padrão de uma língua é a uniformidade ou invariância. Ou seja, a padronização exclui a variação, mesmo sendo a variação atestada em toda e qualquer língua. Obviamente, há razões práticas para se impor a padronização ao texto escrito, mas a padronização na linguagem falada é uma meta artificial. De fato, ninguém contempla em sua fala todas as normas de padronização da língua.

Uma importante consequência da padronização da língua tem sido o desenvolvimento, entre os falantes, de uma forma "correta" ou canônica da língua, sobretudo da modalidade escrita das línguas. Contudo, nas culturas de língua padrão há uma tendência de subscrever a ideia da correção. Algumas formas são acreditadas serem corretas e outras erradas, e isto é, geralmente, tomado como um senso comum. Embora as regras de correção sejam, externamente, impostas sobre a língua, elas são consideradas pelos falantes como regras inerentes à própria língua. Tal arbitrariedade é mais visível em regras de pronúncia.

Nem sempre, a variação na pronúncia é tolerada. Notem que a alternância entre '*b*' e '*v*' é aceita sem problemas para falantes do português para a palavra *assobio* ou *assovio*. Mas, pronúncias como *trabesseiro* ou *bassoura* são estigmatizadas. Embora seja inaceitável, atualmente, discriminar abertamente alguém por razões étnicas, religiosas ou de gênero, deveria ser também inaceitável discriminar alguém por razões linguísticas. Infelizmente, a sociedade, de maneira geral, não percebe que a língua se aproxima de outras categorias sociais que apresentam variabilidade como as etnias, religiões e gêneros. Como as pessoas que usam as formas linguísticas não padrão, em geral, pertencem a grupos sociais menos favorecidos, o efeito da discriminação linguística é afetar os grupos menos privilegiados. Mas o efeito da discriminação, bastante nocivo à sociedade, não está circunscrito apenas às diferentes classes sociais, ele atinge, principalmente, as diferenças regionais. Não são raros os relatos de que grupos de uma determinada região discriminam e estigmatizam falares de outras regiões. Não é à toa que o falante, ao se mudar para uma comunidade que usa uma forma de falar diferente da sua, altera sua forma de falar, acomodando-se ao falar do outro, caso sinta-se discriminado.

No Brasil, em geral, quando se pensa em língua padrão a tendência é relacioná-la ao uso da forma escrita, norteada pela gramática normativa. Diferente da língua falada, a língua escrita veiculada, principalmente, pela escola, em documentos oficiais e pela mídia busca manter a unidade linguística desejada. O caráter estático da escrita garante a manutenção de certos processos, diferente da fala, que, em seu caráter dinâmico, favorece a variabilidade. Infelizmente, no decorrer dos últimos 30 anos, atestamos a implementação de mais uma reforma ortográfica no português do Brasil. Reformas ortográficas são, em princípio, indesejáveis. Várias línguas do mundo têm preservado a ortografia por muitos e muitos anos, como é o caso do francês ou do inglês. A forma escrita das palavras é regida não exclusivamente por imposição de uma norma, mas também pelo uso inovador que falantes fazem de um código escrito. Nos últimos 30 anos, fomos impactados pelas inovações linguísticas decorrentes das mídias de comunicação digital.

A escrita digital

Um dos grandes temas de debate e de preocupação na sociedade atual é se a escrita não convencional que é atestada na mídia digital suplantará a escrita formal. A preocupação se fundamenta em exemplos como os ilustrados a seguir.

(2) | **Tipo de escrita não convencional** | Exemplo | Ortografia |
--- | --- | ---
a. abreviaturas | blz | beleza
b. ortografias particulares | aki | aqui
c. acrônimos | pfv | por favor
d. onomatopaicas | hahaha | risada
e. símbolos com sonoridade | 100noção | sem noção

Geralmente, os exemplos apresentados em (2) são compreendidos como violação da norma da língua portuguesa e são, portanto, interpretados como corrupção do sistema vigente de escrita. Contudo, o que temos em (2) são exemplos de escrita não convencional da língua portuguesa, e que têm sido amplamente utilizados no ambiente digital, como em *chats*, *blogs* ou aplicativos de troca de mensagens.

A escrita não convencional não é privilégio da língua portuguesa e, de fato, ocorre em qualquer língua. A questão que se coloca é, portanto, que tipo de escrita não convencional pode ocorrer para que a comunicação não seja prejudicada. Pelo menos dois pilares resguardam a inteligibilidade entre a escrita convencional e a não convencional. O primeiro deles é a natureza da escrita não convencional na língua em questão. O segundo pilar diz respeito à decodificação da escrita não convencional para a oralidade da língua, de maneira que a mensagem seja possível de ser pronunciada.

A escrita não convencional no PB apresenta as cinco categorias listadas em (2): (2a) agrega abreviaturas; (2b) faz uso de possibilidades de registro ortográfico dentro do sistema alfabético do português que não são utilizadas para as palavras em questão; (2c) é de acrônimos; (2d) incorpora uso ortográfico para palavras onomatopáicas; e (2e) caracteriza a interpretação de símbolos não utilizados no sistema alfabético de escrita. O que as cinco categorias listadas nos exemplos citados mostram é que há complexidade no registro não convencional da escrita, e que a apropriação e uso desse sistema devem ser compartilhados pelos usuários.

Outra questão que se coloca é como se dá a decodificação sonora da mensagem para a oralidade. A escrita não convencional poderia alterar a maneira de se pronunciar as palavras? Em princípio, tudo que for escrito como mensagem em uma língua pode ser convertido para a modalidade oral dessa língua. Assim, todos os exemplos de escrita não convencional ilustrados em (2) podem ser pronunciados, de alguma maneira, na língua portuguesa. O modo como são pronunciados os registros da escrita não convencional depende da gramática fonológica em questão, que determina a boa formação das sequências de sons para uma língua, de maneira que a escrita não convencional tem a pronúncia esperada pela gramática fonológica do português. Como foi discutido anteriormente, a variação e a mudança linguística são produto de interações diversas entre parâmetros linguísticos e sociais. Caso ocorram alterações de pronúncia em palavras específicas essas terão de se acomodar ao sistema linguístico em questão.

Pode-se perguntar se o uso da escrita não convencional prejudica o aprendizado da língua formal, sobretudo por crianças e adolescentes. Vários estudos têm investigado esta questão. Espera-se que, ao longo do processo de aprendizagem da língua, às crianças e aos adolescentes sejam oferecidos instrumentos que os permitam fazer uso de cada modalidade de registro escrito: convencional e não convencional. Em linhas gerais, pode-se dizer que a escrita não convencional é um produto complexo de diversos fatores: nova mídia, rapidez da comunicação, multitarefas, diversidade cultural e social etc.

Uma questão importante a ser considerada é a maneira como a escrita não convencional é aprendida por membros da comunidade. Obviamente, não é possível que cada pessoa defina sua escrita particular, uma vez que se busca a comunicação. É a relação que os falantes estabelecem entre si que guia a evolução da escrita não convencional. Como todo e qualquer sistema linguístico, a escrita não convencional passa a ter sistematicidade ao longo do tempo. Por essa razão é possível produzir materiais que explicitamente caracterizam a linguagem não convencional escrita, como os dicionários.

Vale mencionar que há casos esporádicos em que inovações são impostas, sobretudo, pela mídia. Nesses casos, expressões pontuais e particulares são afetadas. Um exemplo que ocorreu nos últimos 30 anos no PB diz respeito ao uso da expressão *risco de vida*. Até algumas décadas atrás era comum encontrar a expressão *risco de vida*. Contudo, em algum momento no final da década de 1990, a expressão *risco de morte* foi impulsionada, sobretudo, pelo jornalismo e acabou sendo encampada pela modalidade formal da língua. Uma pesquisa realizada no buscador do Google, em agosto de 2016, mostrou que *risco de vida* foi registrado mais de um milhão de vezes, enquanto *risco de morte* foi registrado em torno de 360 mil vezes, sendo que *risco de morte* tem registros mais recentes. O fato é que as duas expressões são corretas tanto gramatical quanto formalmente: *risco (de perder) a vida* ou *risco (de sofrer) a morte*. Em outras palavras, o que se sugere é que inovações linguísticas, sejam na modalidade oral ou escrita, são produtos de eventos sociais do uso linguístico.

Enfim...

Nos últimos 30 anos, consolidamos o PB, promovemos a diversidade linguística pela inclusão e avaliamos criticamente a variação e a mudança linguística no PB. Devemos ainda consolidar a modalidade escrita do PB em termos de norma e incorporar ao debate a natureza da escrita em mídia digital: temas que terão impacto na educação de gerações futuras. Devemos ainda promover no Brasil uma ampla inclusão, tanto linguística quanto social. Finalmente, um dos grandes desafios impostos à sociedade brasileira é o de acomodar, sem preconceitos, a diversidade em todos os âmbitos, inclusive na Linguística, fazendo jus ao país multicultural que é o Brasil.

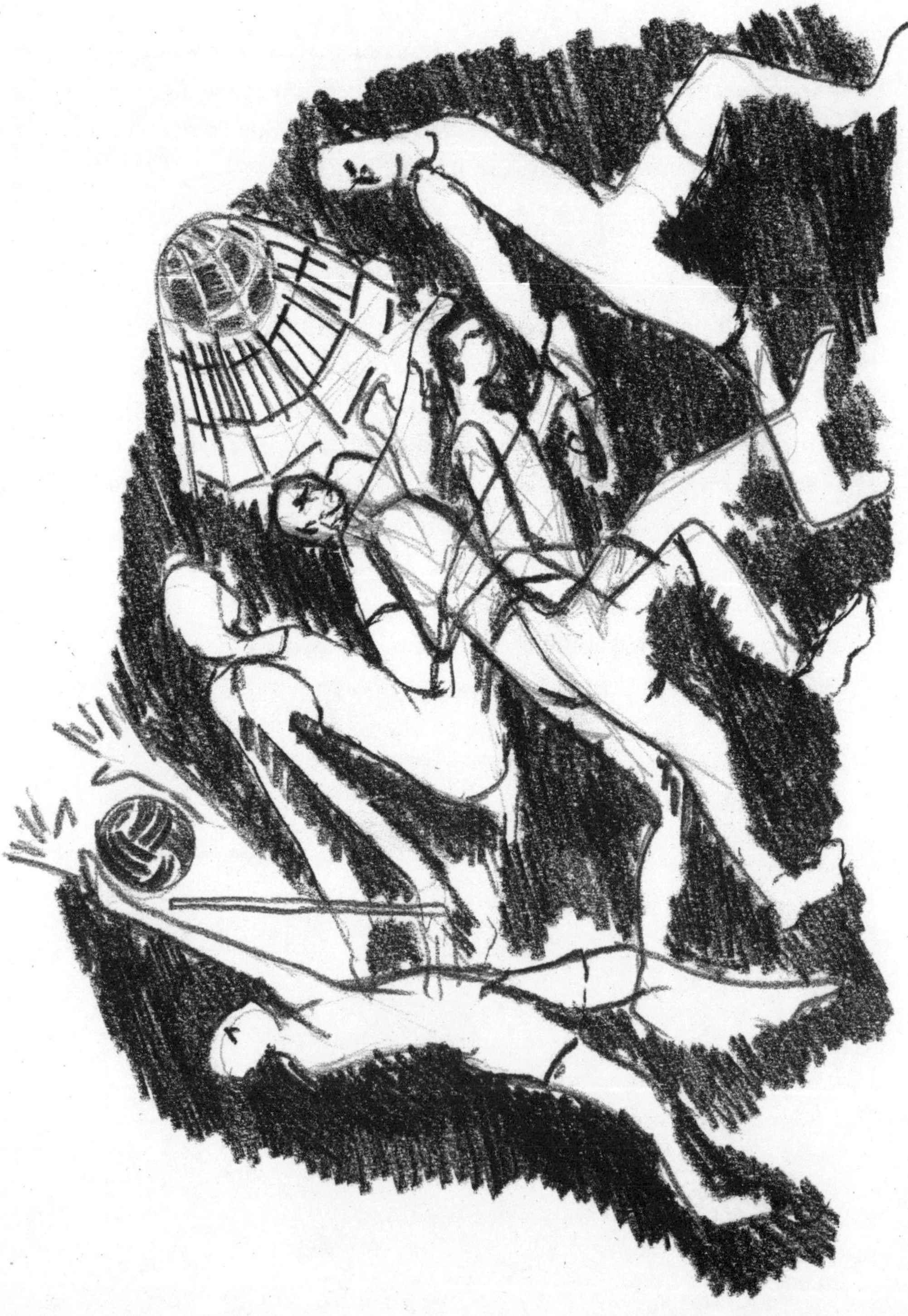

Esporte

Milton Leite

As bolas não paravam de cair. A cada arremesso, a certeza crescia: aquela noite seria histórica. Era agosto de 1987, num jogo em que muitas marcas eram derrubadas para incredulidade de mais 16 mil pessoas no ginásio abarrotado de Indianápolis – além de milhões diante dos televisores Estados Unidos afora, mundo afora. O país do basquete perdia um jogo de basquete pela primeira vez na história em seu território; pela primeira vez sofria mais de 100 pontos; primeira derrota numa final de torneio; sofria uma virada depois de fechar o primeiro tempo com 16 pontos à frente. Trinta anos atrás, aquela foi uma noite incomum.

Autores da proeza? Brasileiros, liderados por Oscar e Marcel, que adotaram uma tática suicida de arriscar o tempo todo os arremessos de longa distância. Se as bolas caíssem, poderiam vencer. Elas caíram. Todas elas, uma atrás da outra. E o Brasil venceu a final dos Jogos Pan-Americanos por 120 a 115.

Perder dessa forma, para os americanos, possivelmente teve o mesmo significado que o país do futebol perder uma semifinal de Copa do Mundo de futebol em casa por 7 a 1. Ganhar, para os brasileiros, deveria ter sido uma janela de oportunidade para saltos maiores. Não foi. Enquanto os americanos resolveram montar um *dream team* para as competições futuras, utilizando as maiores estrelas da liga profissional do país (NBA) como forma de evitar novos vexames, o Brasil entrou em declínio juntamente com aquela geração e praticamente desapareceu do círculo das grandes potências da modalidade – 9º lugar no Mundial 2010 e ligeira melhora nos anos seguintes, graças a um técnico argentino e a presença de muitos atletas atuando nos centros mais importantes, nos Estados Unidos e na Europa, onde evoluíram e ganharam experiência internacional.

Porque o esporte no Brasil tem sido assim: os resultados expressivos são conseguidos por talentos individuais, por uma geração acima da média, por esforços de uma ou outra confederação ou de iniciativas privadas. Vale para as modalidades olímpicas e também para o futebol. Não há feito esportivo relevante que tenha ligação com política de esporte, com planejamento, com programas de longa duração.

Entre as mulheres, o basquete também teve seu apogeu graças a uma geração – liderada por Hortência e Paula, com preciosa ajuda de Janeth. Na final dos Pan-Americanos de 1991, em Havana, derrotaram a seleção cubana com uma exibição primorosa. Na premiação, o comandante Fidel Castro "recusou-se" a entregar as medalhas douradas para Paula e Hortência, em "represália" à atuação das melhores jogadoras de basquete que o Brasil já produziu. Aquela mesma geração conquistaria três anos depois o Campeonato Mundial, na Austrália, vencendo a China na final, mas tendo como ponto alto a vitória sobre os Estados Unidos na semifinal. E tiveram fôlego, ainda, para uma medalha de prata nos Jogos Olímpicos de Atlanta (1996), perdendo a final para as americanas, que atuavam em casa. Como aconteceu com a seleção masculina, sem aquela geração excepcional, o Brasil deixou de ser protagonista – 11º lugar no Mundial da Turquia, em 2014.

Mas não foi só o basquete que perdeu a oportunidade de crescer com uma vitória histórica em 1987. O futebol brasileiro teve também, há 30 anos, a possibilidade de se modernizar e entrar para o primeiro mundo na organização de suas competições. Foi o ano da Copa União, comandada pelos próprios clubes, com respaldo da principal emissora de televisão do país e contando com patrocínios inéditos para as agremiações. Em crise financeira e política, a Confederação Brasileira de Futebol (CBF) declarou-se incapaz de realizar a competição nacional daquele ano. Os principais clubes se mobilizaram, criaram o Clube dos 13 e a TV Globo garantiu mídia, o que trouxe patrocínio para os clubes. Foi o mais próximo que o futebol brasileiro chegou das ligas europeias que, comandadas pelos clubes, organizam as principais competições.

Durou pouco. A incompetência para organizar o regulamento e a falta de união (apesar do nome da competição) provocaram a patética situação de até hoje ainda se discutir quem foi o campeão de 1987: Flamengo ou Sport? A Copa União teve mais uma edição em 1988 e foi substituída no ano seguinte pelo Campeonato Brasileiro (pela primeira vez assim designado), novamente organizado pela CBF. Perdida aquela oportunidade, somente em 2003 a competição passou a adotar a fórmula mundialmente consagrada de pontos corridos. Pelo menos a Copa União deixou um legado (quase sem querer). Para abrigar os muitos clubes que ficaram fora do torneio, foi criada a Copa do Brasil, com primeira disputa em 1989, até hoje a segunda competição nacional em importância e que reúne clubes de todas as divisões e de todos os estados.

Sem organização interna, o Brasil ainda manteve-se no topo do futebol internacional. Sempre graças aos talentos individuais que o país historicamente produziu, apesar dos dirigentes. Pelo menos foi assim até o final do século passado. Depois de 24 anos, em 1994, o Brasil voltou a ganhar uma Copa, nos Estados Unidos, com o Romário e Bebeto destoando numa seleção pragmática demais. Ainda bem que destoaram jogando muito mais que os companheiros e, principalmente Romário, levando o Brasil ao seu quarto título mundial. A seleção, com uma nova geração, liderada por Ronaldo e Rivaldo, chegou à decisão seguinte, mas perdeu para a França, na casa adversária. Mas a mesma dupla, no auge em 2002, tendo a companhia de Ronaldinho Gaúcho, levou o país ao penta, conquistado muito mais pelo que os dois jogaram do que por méritos táticos ou de organização.

Com os clubes negligenciando as categorias de formação de jogadores (dominada por empresários), nenhuma política de formação incentivada pela CBF e com talentos cada vez mais escassos, o futebol brasileiro deixou de ser protagonista inclusive nas premiações internacionais ao longo dos anos. Dirigentes cada vez mais envolvidos com corrupção e preocupados com o próprio bolso também contribuíram para o evidente declínio da seleção nacional, culminando com o 7 a 1 para a Alemanha em 2014, na Copa do Mundo que o Brasil organizou com a certeza que a conquistaria. Faltaram organização, planejamento, estrutura tática, equilíbrio psicológico e, principalmente, talento. Nem o futebol, no país do futebol, tem planejamento, organização e política para chegar aos resultados, contando sempre com a sorte para que novos craques surjam para resolver tudo.

Medalhas, muitas medalhas

Sem política esportiva e planejamento, como modalidades conseguem ser vencedoras e frequentar com constância os primeiros lugares dos pódios? Judô e vela são os esportes que mais conquistaram medalhas na história dos Jogos Olímpicos para o Brasil e ganham medalhas em praticamente todas as edições, sem contar participações expressivas em campeonatos mundiais.

O judô é um exemplo de tirar da quantidade, a qualidade. Milhares de academias espalhadas pelo Brasil são procuradas pelos pais de crianças em busca de uma atividade física saudável combinada com a disciplina oriental. Com tanta gente praticando, natural que os principais talentos acabem sendo selecionados por clubes que os iniciam no mundo competitivo. Um modelo que deveria ser seguido por todas as modalidades se houvesse uma política esportiva no Brasil, como existe nos Estados Unidos com as escolas e universidades, ou mesmo em Cuba, com a larga utilização do sistema educacional para garimpar talentos. Desde que Aurélio Miguel, em 1988, na Coreia do Sul, ganhou a quinta medalha olímpica para o Brasil, a primeira de ouro, o país não parou mais, produzindo outro campeão olímpico, em 1992, em Barcelona, Rogério Sampaio. Londres, em 2012, consagrou a primeira mulher campeã olímpica do judô, Sarah Menezes. Feito que Rafaela Silva repetiu em 2016, no Rio.

Os dois maiores ganhadores de medalhas para o Brasil em Jogos Olímpicos, sem contar inúmeros títulos mundiais, são velejadores: Torben Grael e Robert Scheidt. Diferentemente do judô, a vela (ou iatismo) produz seus campeões graças ao poder econômico dos praticantes e aficionados. Tanto que existem verdadeiros clãs familiares que geração após geração vão se destacando no cenário nacional. A medalha de ouro da dupla Martine Grael e Kahena Kunze em 2016 confirma essa tradição familiar. Curioso que o país com tão extensa costa litorânea e descoberto por navegadores como os portugueses tenha tão pouca ligação com as regatas. Esporte caro, que requer barcos sofisticados e longas preparações, além de viagens pelo mundo, conta não só com as possibilidades financeiras de seus atletas, mas também com patrocinadores que se interessam pelo público pequeno de regatas, formado por pessoas de alto poder aquisitivo. Resultado: é muito mais fácil um velejador conseguir um patrocinador do que um integrante da equipe de atletismo.

Estrelas ocasionais têm sido responsáveis, também, pelos poucos momentos de brilho do atletismo nos últimos 30 anos. Justamente a modalidade que teve um dos maiores nomes olímpicos no Brasil, o saltador Adhemar Ferreira da Silva, duas medalhas de ouro nos anos 1950. As surpreendentes medalhas de ouro de Maureen Maggi no salto em distância em Pequim e de Thiago Braz no salto com vara no Rio, e o brilho dos velocistas no revezamento 4x100 metros nos Jogos de 1996 e 2000, além de uma medalha de bronze de Robson Caetano nos 200 metros em 1988 parecem pouco para três décadas.

A modalidade que oferece mais facilidades para a prática não tem no Brasil um projeto de confederação ou de iniciativa privada que sustente uma presença destacada nas maiores competições do mundo.

Projetos de confederações

Mas nem só talentos individuais e características especiais produziram resultados importantes para o esporte nacional nos últimos 30 anos. Iniciativas de confederações talvez tenham produzido os resultados mais consistentes e com chances de perenidade. Nos dois casos, nem sempre o desenvolvimento interno teve a atenção merecida, mas levaram a conquistas internacionais indiscutivelmente importantes – foram projetos setorizados, sem vínculos com uma política geral nacional.

Ainda nos anos 1970, o vôlei iniciou a revolução que levaria a modalidade a desbancar o basquete como segunda na preferência popular do brasileiro e, principalmente, transformar o país numa das maiores potências mundiais. Tudo começou com o investimento muito forte nas categorias de base, não só na formação de jogadores pelos clubes, mas na internacionalização dos atletas, com presença sempre crescente nas competições continentais ou mundiais das categorias de base. Ao ficar com o terceiro lugar no Campeonato Mundial de 1978, no Rio de Janeiro, a seleção brasileira masculina sub-21 apresentava o primeiro resultado da evolução.

Os resultados que colocaram o Brasil definitivamente no primeiro plano do vôlei mundial aconteceram em 1982, com o vice-campeonato mundial na Argentina e a medalha de prata nos Jogos Olímpicos de Los Angeles, em 1984 – por isso os atletas daquele grupo, Willian, Montanaro, Renan, Amauri, Xandó..., ficaram conhecidos como "geração de prata". Em Los Angeles, países fortes do bloco socialista boicotaram a competição, mas nos Jogos seguintes, em 1988, na Coreia do Sul, o vôlei brasileiro ficou com o quarto lugar, fixando-se entre as principais potências.

No crescimento do vôlei, o papel da televisão foi fundamental, dando ao crescimento técnico o apoio das arquibancadas e impulsionando conquistas. Quem não lembra de um Maracanã lotado, embaixo de chuva, em 1983, acompanhando Brasil x União Soviética (a maior potência da época) enfrentando-se num amistoso em quadra montada no meio do gramado? Com a grande divulgação, os patrocinadores se encarregaram de bancar os recursos necessários para a decolagem definitiva.

Com o caminho aberto, o contingente seguinte de atletas chegou à medalha de ouro em Barcelona (1992) e pódios constantes a partir de então, incluindo campeonatos mundiais e a Liga Mundial. Geração após geração, a seleção masculina de vôlei sempre está entre as favoritas em qualquer disputa. Mais dois ouros olímpicos, em 2004 e 2016, um tri mundial de 2002 a 2010 e muitas outras medalhas servem para realimentar todo o processo.

O desenvolvimento foi o mesmo entre as mulheres, com alguns anos de diferença – bronzes em Atlanta (1996) e Sydney (2000), até os ouros de Pequim (2008) e Londres (2012), além de título atrás de título no Grand Prix. As meninas brasileiras também são primeiro mundo no universo do vôlei.

A excelência que aos poucos foi sendo conquistada nas quadras também contribuiu para que, nas areias, as duplas brasileiras desde o começo fossem protagonistas. Quando do crescimento das competições internacionais nos anos 1990, muitos atletas de quadra migraram para o vôlei de praia, juntando-se a atletas surgidos no extenso litoral brasileiro. Tanto que na primeira edição olímpica que teve a presença da modalidade, em Atlanta (1996), a final feminina foi disputada por duas duplas do Brasil, com Jaqueline (Jackie) Silva e Sandra Pires levando o ouro contra Adriana Samuel e Mônica Rodrigues. O título de Jackie e Sandra foi um marco em nosso esporte: pela primeira vez mulheres ganhavam medalhas de ouro para o Brasil.

Outras medalhas na praia vieram tanto para homens como para mulheres – em 2004, em Atenas, Ricardo Santos e Emanuel Rego levaram o primeiro ouro e o mais recente veio em 2016 com Alison Cerutti e Bruno Schmidt. Ao longo do tempo, o esporte foi diminuindo a contribuição dos ex-atletas de quadra, as novas gerações já surgem nas areias, graças à profissionalização e às perspectivas de disputas igualmente importantes.

Também um projeto de confederação, mas com características bem diferentes, foi adotado pela ginástica artística. No lugar da massificação inicial do vôlei, adotou-se a seleção nacional permanente, reunindo jovens talentos treinando o tempo todo num lugar só – à época, o centro de treinamento foi instalado em Curitiba. Para desenvolver o projeto e proporcionar um salto de qualidade a atletas que eram apenas promissores, foi contratado Oleg Ostapenko, ucraniano que já era um treinador consagrado internacionalmente, que assumiu o comando da seleção, em 2001. Ao lado da esposa, Nadijia, e da assistente, Iryna Ilyashenko (que já estava no Brasil), levou Daiane dos Santos a um título mundial, além de conquistas de medalhas em mundiais por Jade Barbosa e Daniele Hypólito.

Durante os oito anos em que Ostapenko esteve à frente do projeto da seleção permanente, o Brasil pulou do 23º para o 5º lugar no ranking internacional. Nos Jogos Olímpicos de 2008, pela primeira vez na história, uma seleção brasileira ficou entre as oito melhores por equipes. O sucesso da seleção aumentou a popularidade do esporte, o que levou a um número maior de praticantes e ao surgimento de novos talentos. Arthur Zanetti foi o principal deles, tornando-se campeão olímpico e mundial. Em 2016, o Brasil conquistou três medalhas na modalidade, duas de prata e uma de bronze.

Com a diferença de não ter formado uma seleção permanente, o handebol investiu igualmente em um técnico estrangeiro, o dinamarquês Morten Soubak, para aproveitar o potencial de uma boa geração de atletas da seleção feminina. Ele começou a trabalhar na seleção em 2009, depois de ter atuado como técnico do Pinheiros, em São Paulo. Além disso, o fato de a maioria delas ter conseguido vagas em clubes europeus dos principais centros da modalidade, foi decisivo para que o Brasil tivesse o seu melhor resultado internacional da história: campeão mundial de 2013, na disputa em Belgrado – 22 a 20 na final contra a Sérvia, a seleção da casa. O tempo dirá se o handebol aproveitou a grande geração aliada a um resultado excepcional para se fixar entre as melhores do mundo.

Falta de um projeto

Por paradoxal que possa parecer, essas histórias de sucesso nas últimas três décadas deixam em evidência a pobreza com que o esporte tem sido tratado num país com enorme potencial para estar entre as principais potências. Falta-nos uma Política Nacional de Esportes. A maior parte dos países bem sucedidos no esporte utiliza a rede escolar como base. Primeiro o esporte como promotor de educação e saúde, depois, mas não menos importante, como meio de detecção de talentos que são desenvolvidos em equipes de competição. No Brasil, na contramão, até as aulas de educação física foram negligenciadas, abandonadas, principalmente nas escolas públicas, que atendem a maior parte da população. E nem se pode falar em oferta de conhecimentos num número razoável de modalidades para crianças e adolescentes, por absoluta falta de estrutura, material e gente capacitada para esse trabalho.

Qualquer que tenha sido o matiz político, os governos que se sucederam nas últimas décadas preferiram investir em competição de alto rendimento. Patrocinando equipes via empresas estatais ou políticas de incentivo, quando o caminho deveria ser colocar o dinheiro em projetos educacionais, de inclusão e de formação, para desse contingente retirar os talentos a serem aproveitados por equipes bancadas pela iniciativa privada. Certamente os resultados seriam mais importantes e frequentes, atingindo um número maior de modalidades e com consistência para serem duradouros.

Sem um projeto, o país continuará dependendo de talentos excepcionais que avançam por méritos próprios, por "paitrocinadores", gerações acima da média, um ou outro projeto de confederação. E os exemplos são muitos. Estados Unidos, Cuba, Rússia, China, Alemanha, Austrália, França, Reino Unido... Entre os maiores ganhadores do esporte mundial, há diferenças políticas, de métodos, de uso dos resultados. Mas cada um tem uma política esportiva que permite extrair de suas realidades, os melhores resultados.

O Brasil tem tudo: população com todos os biótipos, clima favorável, extensão territorial, extensão de litoral e recursos. Aliás, tem quase tudo. Falta um projeto para aproveitar tudo isso.

Grandes eventos

O último terço das últimas três décadas inseriu o Brasil no roteiro dos organizadores de três dos maiores eventos esportivos do planeta. Jogos Pan-Americanos (2007), Copa do Mundo de Futebol (2014) e Jogos Olímpicos (2016) mostraram que o país tem capacidade para realizar competições que reúnem milhares de pessoas vindas de fora, como as disputas poliesportivas, ou que demandam mobilização de muitas cidades e trânsito de milhares de pessoas por todo país, como a Copa do Mundo. Transportes, segurança, capacidade de construção e comunicações exigem grandes e complicadas estruturas.

Conseguir organizar, no entanto, nem sempre é sinônimo de sucesso, pelo menos internamente, no caso brasileiro. Para todos os eventos, bilhões de reais foram gastos em construção de dezenas de arenas, estádios, instalações de treinamentos, vilas olímpicas. O que poderia ser um patrimônio para a evolução das disputas internas e preparação de atletas e equipes acabou se transformando num pesadelo, porque boa parte das edificações tem utilização abaixo do necessário para a própria manutenção – o que aumenta o gasto com locais que já custaram muito mais que a média internacional. Some-se a isso muita coisa mal construída e que exigiu mais aportes para conserto e reformas emergenciais. E sempre com dinheiro público. Tudo isso num cenário de denúncias de corrupção, supervalorização e mau uso do dinheiro.

Mais do que isso. Como forma de conquistar o direito de realizar esses grandes eventos, os postulantes prometem legados para as cidades e países durante a preparação – obras ou benefícios que permaneçam depois da cerimônia de encerramento. É uma forma de atender ao "politicamente correto" e de justificar para os contribuintes o gasto de tanto dinheiro de impostos para atender aos padrões exigidos pelos donos dessas competições. Quase nada do legado prometido em cada um desses eventos saiu do papel no Brasil.

Nem mesmo a promessa de grande participação da iniciativa privada nos financiamentos foi cumprida. A conta será paga durante muito tempo ainda, sem que a população tenha tido a oportunidade de debater amplamente as candidaturas – embora à época pesquisas apontassem aprovação da maioria dos brasileiros.

Também com a realização dos grandes eventos, o Brasil deixou escapar a oportunidade de dar um salto de qualidade e de rendimento entre as grandes nações vencedoras, por falta de planejamento para antes e depois da realização. Não é mera coincidência um país que não se planeja e não tem um projeto de longo prazo dentro das áreas de competição, também não os tenha fora delas.

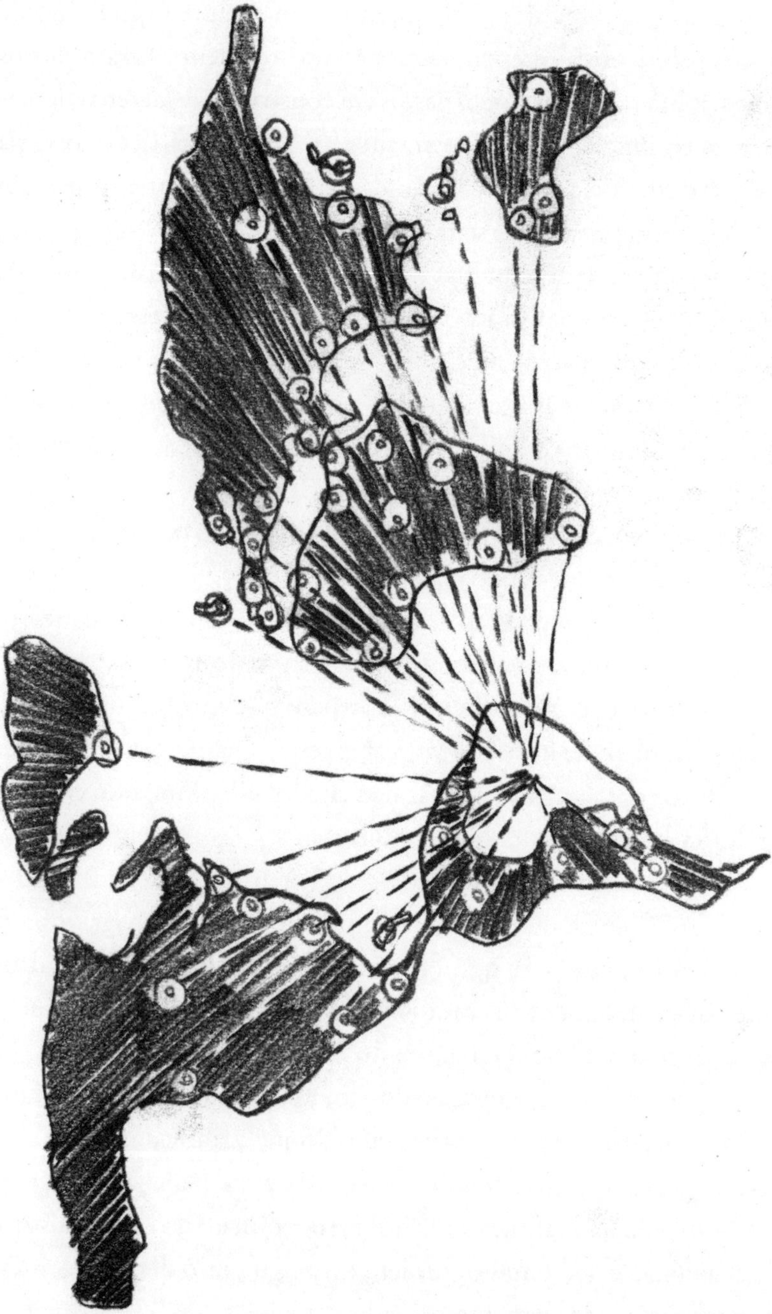

Política externa

Sergio Florencio

O mundo lá fora e aqui dentro

Política externa é a resultante da confluência de dois mundos – o doméstico e o internacional – com marcos cada vez mais indefinidos. A interdependência e a globalização diluem o desenho nítido das fronteiras entre países e tornam prioritária a questão da inserção internacional. Ao mesmo tempo, os fenômenos da identidade da nação e do desenvolvimento colocam o tema do interesse nacional no topo da agenda da política externa.

Nos últimos 30 anos os dois lados dessa equação contribuíram para gerar inflexões de grande magnitude na política externa brasileira.

O país testemunhou profundas transformações: o alvorecer da redemocratização a partir de 1985; a Constituição de 1988, com o desequilíbrio entre amplos benefícios sociais para a população e escassos recursos para o Estado; o impeachment do primeiro presidente eleito com o voto direto após o Regime Militar; o reformismo econômico do período Fernando Henrique Cardoso – alicerçado no Plano Real, no equilíbrio macroeconômico, na Lei de Responsabilidade Fiscal e na consolidação de uma economia mais aberta à globalização; as grandes transformações sociais protagonizadas por Luiz Inácio Lula da Silva, embaladas no Bolsa Família e numa economia internacional crescendo de vento em popa; e o declínio político, econômico e ético dos anos Dilma Rousseff, que tiveram como desfecho o afastamento da presidente.

Se as transformações internas foram de grande envergadura, as mudanças na cena internacional dos últimos 30 anos se refletiram em verdadeiros movimentos tectônicos: a queda do Muro de Berlim, em 1989, e a consequente desagregação da União Soviética dois anos depois – marcos do fim da bipolaridade desenhada pela Guerra Fria; o crescimento acelerado das economias emergentes, em especial do Brics (Brasil, Rússia, Índia, China e África do Sul); o 11 de Setembro de 2001 e a desastrosa Guerra ao Terror que se seguiu; a ascensão econômica vertiginosa da China e o declínio relativo da influência norte-americana; a grave crise econômica internacional de 2008/2009 e a abertura de novos espaços para mecanismos de regulação financeira, como o G-20 Financeiro; a prolongada crise do euro; a Primavera Árabe e seus corolários – o retrocesso político no Egito, o desmoronamento político-social na Líbia, a tragédia humanitária da guerra civil na Síria, a tentativa de golpe e o recrudescimento da repressão na Turquia; um êxodo migratório sem precedentes desde a Segunda Guerra Mundial; a aprovação popular para a saída do Reino Unido da União Europeia

(Brexit); a resiliência da crise de representatividade dos regimes democráticos; e a preocupante emergência de um novo populismo no mundo desenvolvido, com figuras como Donald Trump e Marine Le Pen.

Redemocratização e política externa

A redemocratização aproximou o povo das decisões políticas. Mudanças expressivas ocorreram nas relações com a Argentina: o simbolismo do encontro de Iguaçu entre Sarney e Alfonsín; o arquivamento das rivalidades estratégicas; os protocolos de integração produtiva; e as primeiras sementes que, mais tarde e com nova visão, gerariam o Mercosul. A redemocratização oxigenou as relações com a Argentina e alcançou notáveis avanços nas iniciativas conjuntas.

Além do tormentoso dilema da dívida externa, a política externa brasileira da redemocratização testemunhou dois contenciosos com os EUA – o das patentes farmacêuticas e o da Lei de Informática brasileira. No primeiro, o Brasil terminou por flexibilizar sua posição sobre propriedade intelectual. No segundo, nossa Lei de Informática restringia importações, com o objetivo de desenvolver uma indústria nacional. Ao final, o presidente Sarney reconheceu que a política de reserva de mercado tinha sido excessiva e prejudicava uma economia moderna.

Os contenciosos foram contemporâneos da Rodada Uruguai do Acordo Geral sobre Tarifas e Comércio (GATT), lançada em 1986, e na qual os EUA ambicionavam avançar nos "novos temas" – investimentos, serviços e propriedade intelectual.

O Brasil aderiu à Convenção Interamericana de Direitos Humanos (Pacto de São José), em 1992, à Convenção contra a Tortura da ONU e reatou relações com Cuba.

Assim, a política externa da redemocratização abandonava o paradigma da "autonomia pela distância" (característica do Regime Militar) e introduzia o paradigma da "autonomia pela participação", com engajamento em questões delicadas tanto regionais (Cuba), como globais (direitos humanos, meio ambiente e novos temas comerciais).

Diante da crise da dívida e das pressões externas, a política externa refletia as crescentes dificuldades de preservar o modelo de substituição de importações, prenunciando um futuro mais liberal para o país.

Collor de Mello: desastre político e abertura comercial

Foi Fernando Collor de Mello o protagonista da radical inflexão liberal que consistiu na abertura comercial unilateral, por meio de redução das tarifas de importação. Exemplo sintomático dessa inflexão foi o setor automobilístico. Embalado pela imagem de que os automóveis brasileiros pareciam carroças, Collor reduz a tarifa média de importação brasileira de um nível de 57,5%, em 1987, para 30,5% em 1990 e, dois anos depois, para 15,7%.

Os ventos liberais vão soprar as velas do Mercosul, criado em 1991, sob a inspiração do novo "regionalismo aberto" da Comissão Econômica para a América Latina e o Caribe (Cepal). Em lugar dos protocolos bilaterais de integração produtiva definidos e conduzidos pela mão do Estado (marcas do governo Sarney), teríamos um modelo mais realista, mais adaptado aos imperativos da globalização.

O Brasil sediou a Conferência das Nações Unidas sobre o Meio Ambiente e o Desenvolvimento, mais conhecida como Rio-92, quando foram aprovadas a Convenção sobre Biodiversidade e a Convenção sobre Mudança do Clima.

Itamar Franco: o presidente do Plano Real

Político hábil, Itamar captou o sentimento da nação e assumiu dois grandes objetivos: limitar a abertura comercial de Collor e conter a elevada inflação. Escolheu um símbolo de impacto popular para manifestar sua oposição ao ultraliberalismo de Collor – a retomada do Fusca –, mas preservou (sem ampliar) as medidas de abertura comercial.

Com os atributos da sabedoria política mineira, Itamar dosou sua vocação ao populismo no campo da política macroeconômica. Após afastar três ministros da Fazenda, o presidente decidiu recorrer ao seu chanceler e dar a Fernando Henrique Cardoso carta branca, como ministro da Fazenda.

O verdadeiro "corte epistemológico" da gestão Itamar – com impacto positivo que se estende até hoje – foi o Plano Real, preparado por competente equipe de economistas da PUC do Rio de Janeiro e sob a responsabilidade de FHC. A taxa de inflação se reduziu, o salário real do trabalhador aumentou, o ministro da Fazenda foi eleito presidente e Itamar até hoje é lembrado como "o presidente do Plano Real".

O novo chanceler, Celso Amorim, anunciou a Área de Livre Comércio Sul-Americana (ALCSA). Com efeitos sobretudo retóricos, não produziu mudanças concretas na política externa.

Fernando Henrique Cardoso: política externa de uma potência média

Fernando Henrique Cardoso teve a virtude de "colocar a casa em ordem", com o Plano Real, e dar rumo ao país, enquanto na política externa teve o mérito de assegurar a credibilidade internacional do Brasil e prepará-lo para os desafios da globalização.

Prevaleceu a busca de sintonia do país com o mundo e um olhar que usava muito mais as lentes da interdependência de uma economia globalizada – do que a ótica da política de poder ditada pelas esferas de influência da Guerra Fria.

Coerente com a tradição da diplomacia brasileira, a política externa deveria ser um vetor de promoção do desenvolvimento e para isso era preciso reconhecer o potencial e as limitações do país.

O Brasil era diagnosticado como uma potência média. Tal caracterização tinha como corolário uma opção preferencial pela diplomacia, pelo direito e um distanciamento em relação às políticas de poder. Essa visão se contrapunha aos defensores da ideia de "Brasil grande potência", prevalecente no Regime Militar e que, após um renascimento no segundo mandato de Lula, foi abortado pelo declínio da política externa no período Dilma.

O chanceler Celso Lafer dizia que "O Brasil é uma potência regional com interesses globais" – e assim, deveria usar a influência no Mercosul e na América do Sul para projetar sua vocação natural como *global trader* e *global player*.

O Mercosul atingiu o nível de união aduaneira imperfeita com o Protocolo de Ouro Preto, em 1994, e exibiu uma trajetória de acelerado crescimento dos fluxos de comércio – chegou a representar 17,3% do total das exportações brasileiras, em 1997 – que somente foi interrompida pela crise cambial brasileira de 1999, que provocou forte queda no comércio e contundentes críticas dos parceiros, em especial da Argentina.

Fernando Henrique promoveu igualmente significativos avanços na política externa na América do Sul, ao realizar a primeira Reunião de Presidentes da América do Sul, em 2000, quando foram lançadas as bases da Iniciativa para Integração da Infraestrutura Regional Sul-Americana (IIRSA), que definiu sua estrutura institucional e apresentou projetos concretos de integração física.

O clima de empatia entre Clinton e FHC assegurou a trajetória de aproximação bilateral, interrompida com a posse do presidente Bush, com o 11 de Setembro de 2001 e a Guerra ao Terror.

Brasil e EUA exibiam prioridades distintas no hemisfério. Os EUA se voltavam para o Nafta, para o Plano Colômbia de luta contra o narcotráfico e as Farcs, bem como para a guerra ao terrorismo no pós-11 de Setembro. O Brasil se concentrava no Mercosul, na IIRSA e na consolidação do Plano Real.

Na esfera nuclear, o Brasil enfrentava o bloqueio dos países desenvolvidos ao acesso às tecnologias sensíveis, necessárias para as indústrias aeronáutica, espacial e outras. O país era signatário do Tratado de Tlatelolco (que proibia armas nucleares na América Latina), de instrumentos internacionais de controle da importação de tecnologias sensíveis, além da Constituição de 1988, que vedava o desenvolvimento de indústria nuclear para fins bélicos. Esses fatores explicam a decisão histórica de aderir, em 1998, ao Tratado de Não Proliferação Nuclear (TNP).

Os governos brasileiro (FHC) e norte-americano firmaram um Acordo de Salvaguarda Tecnológica (AST) destinado a viabilizar um centro de lançamento de satélites na base de Alcântara, no Maranhão. Entretanto, a objeção do Partido dos Trabalhadores (PT), endossada pelo chanceler Amorim, impediram sua ratificação pelo Congresso. O AST teve desfecho frustrante: o Brasil teve de contentar-se com um acordo com a Ucrânia, sem resultado concreto e que, anos mais tarde, seria denunciado pelo próprio Congresso.

Outro episódio relevante foi o controvertido processo negociador da Área de Livre Comércio das Américas (Alca). FHC preservou posição de cautela, sem declinar do interesse brasileiro no processo, mas seu desfecho, já no governo Lula (2005), contribuiu para o distanciamento entre Brasil e EUA. O desfecho da Alca resultou de uma dupla inflexibilidade. Os EUA não aceitavam negociar no âmbito da Alca temas para eles sensíveis, e o Brasil utilizou argumento semelhante. Uma primeira leitura sobre o resultado da Alca era a de que o Brasil perderia graus de liberdade em temas relevantes: propriedade intelectual; investimentos; serviços e compras governamentais.

A firme oposição do Brasil à Alca resultou no seu fracasso, que foi seguido de uma inércia na política comercial brasileira. O estilo do processo negociador brasileiro nas fases finais da Alca, ao elevar o tom de argumentos muito mais ideológicos que técnicos, já antecipava essa inércia futura.

Lula: do prestígio internacional à queda na credibilidade externa

O presidente Luiz Inácio Lula da Silva recebeu o legado de uma economia com fundamentos sólidos, um sistema político em normalidade democrática e uma economia internacional que exibiria, nos anos seguintes (2004-2008), acelerado crescimento e cotações elevadas para *commodities* exportadas pelo Brasil. O governo Lula deu continuidade à política macroeconômica de FHC e ampliou as políticas sociais.

A retórica de redução das assimetrias internacionais do chanceler Amorim já prenunciava um perfil externo voltado para as relações Sul-Sul e que eclipsava nossos interesses com países do Primeiro Mundo.

A crise econômica internacional de 2008 abriu novos espaços para a atuação de vários agrupamentos internacionais. A magnitude da crise ameaçava a estabilidade do sistema internacional e os líderes das principais potências decidiram, então, ampliar o processo de negociação para a busca de soluções para a crise.

Nesse contexto, ganhou dimensão o G-20 Financeiro, que assume o papel de protagonismo no enfrentamento da crise, sendo reservado às chamadas grandes economias emergentes (Brasil) o papel de contribuir para a retomada do crescimento a nível mundial. O agrupamento Brics, formalizado em 2007, talvez seja o que mais visibilidade alcançou, pelo notável crescimento econômico da China e pela trajetória de crescimento dos demais membros. No tema do meio ambiente as economias emergentes, em particular os membros do Brics (com exceção da Rússia), vão promover coordenação para a busca de soluções ao problema do aquecimento global e formam o agrupamento Basic, integrado por Brasil, África do Sul, Índia e China.

Essa trajetória de projeção do primeiro mandato de Lula contrasta com um balanço de graves equívocos que marcaram o segundo mandato.

No plano regional, os erros de política externa estão associados, sobretudo, à inflexão de nossa política sul-americana, especificamente, ao abandono de um padrão de equilíbrio entre parceiros e à moderada liderança para um formato de preferência seletiva entre vizinhos e liderança ostensivamente declarada. No dizer de Andrés Malamud, essa política nos levou à condição de *leader without followers*.

Na fisionomia política da América do Sul, sobretudo a partir da segunda metade dos anos 2000, passaram a vigorar governos de índole populista – Chávez na Venezuela, Rafael Correa no Equador, Evo Morales na Bolívia e Nestor Kirchner na Argentina –, e o Brasil procurava marcar de forma ostensiva uma liderança regional. Essa mudança correspondia ao papel de crescente protagonismo e influência do país no mundo. Os EUA, por sua vez, alimentavam a expectativa de que países com maior tradição democrática na região – Brasil, Chile e Uruguai – pudessem conter o antiamericanismo dos vizinhos andinos.

Entretanto, nem a manifesta liderança brasileira na região nem as expectativas norte-americanas se materializaram. O corolário desse novo quadro foi uma aproximação firme do Brasil com os chamados países bolivarianos. O ativismo diplomático brasileiro resultou numa teia institucional com objetivos político-partidários – Casa, Unasul, Celac – que procuravam selar a integração pelo ângulo das identidades desses países definidas a partir do que seus dirigentes consideravam ser as aspirações sociais, os padrões culturais e as afinidades ideológicas. O esforço de construção institucional – protagonizado sobretudo por Brasil e Venezuela (Lula e Chávez) – estava impregnado de um viés antiamericano.

A integração nas suas dimensões comerciais e econômicas perdeu fôlego, o que resultou em virtual imobilismo dessas vertentes do Mercosul e na estagnação da IIRSA, onde técnicos do Banco Interamericano de Desenvolvimento (BID) foram substituídos por representantes de perfil político ligados à Unasul.

Aquela proliferação de instituições regionais teve como um de seus propósitos a marginalização da Organização dos Estados Americanos (OEA) e a criação de entidades com o escopo da OEA, mas sem o incômodo da presença dos EUA e com viés antiamericano. A política externa para a América do Sul passou a ser formulada sob forte influência do Assessor para Assuntos Internacionais da Presidência da República, Marco Aurélio Garcia, identificado com o ideário prevalecente nos países de influência bolivariana da região.

É inegável a ascensão do Brasil na hierarquia do poder mundial ao longo das três últimas décadas, em função do reformismo econômico exitoso da era FHC, das políticas sociais bem-sucedidas do governo Lula, do acelerado crescimento da economia internacional de 2004 a 2008 e de uma política externa dinâmica. Entretanto, essa nova condição de maior protagonismo e reconhecimento levou a política externa a superestimar a real capacidade de influência do país como ator global e a assumir riscos desmedidos.

Os exemplos são relevantes e abundantes: 1º – a ênfase irrefletida atribuída à aspiração de ingresso do país como membro permanente no Conselho de Segurança das Nações Unidas (CSNU); 2º – a criação do elevado número de embaixadas e consulados (cerca de 50) – muitos deles em países sem maior significado político – na injustificável expectativa de fortalecer nossa pretensão de obter assento permanente no CSNU; 3º – o virtual monopólio de atenção dedicada à política comercial multilateral, no âmbito da Rodada Doha, e o abandono de negociação bilateral de acordos de preferências comerciais, o que lançou o país no solitário isolamento comercial, à margem dos mais de 400 acordos comerciais firmados na última década e do dinamismo inerente ao fenômeno das cadeias globais de valor; e 4º – a iniciativa turco-brasileira sobre o programa nuclear iraniano.

Tais equívocos, por sua repercussão internacional, terminaram por limitar nossas opções políticas em diversos campos, contaminar algumas relações bilaterais (EUA), ignorar a defesa do interesse nacional em áreas como a política comercial e desfigurar o capital de confiança em sua diplomacia.

Dilma Rousseff:
declínio da política externa e desprestígio da diplomacia

O governo de Dilma Rousseff começou bem na política externa, com uma inflexão em nossa política de exagerado apoio ao Irã.

Também se desenhavam, no alvorecer do governo, projetos de aproximação com os EUA, na expectativa de dividendos econômicos e com o objetivo reverter o clima adverso prevalecente nos últimos anos do mandato de Lula. As áreas prioritárias para cooperação eram contempladas nos campos de megaeventos esportivos, exploração de recursos energéticos e novas tecnologias em áreas como aviação e defesa.

Desde o governo Lula, com a descoberta do pré-sal, eram grandes os interesses de ambos os países em dar densidade maior ao relacionamento. Juntamente com o etanol, o pré-sal seria, na avaliação de alguns analistas, o instrumento dinamizador do intercâmbio comercial e econômico. O argumento subjacente era o interesse norte-americano em desviar sua dependência energética do instável Oriente Médio para um Brasil estável.

Essas duas sinalizações de novos caminhos para a política externa de Dilma se demonstraram ilusórias. Em ambos os casos, as linhas da política externa foram divergentes daqueles primeiros sinais, com prejuízos concretos para o desenvolvimento e a imagem do país.

O Brasil alterava o marco regulatório do regime de concessão para o de partilha, mas permaneceu longos cinco anos entre a descoberta das reservas do pré-sal e a abertura da primeira concorrência pública para sua exploração. O governo Dilma agravou esse atraso ao adiar a primeira licitação pública.

O setor de biocombustíveis (etanol) também sofreu com o controle de preços da gasolina, o que gerou o fechamento de mais de 70 usinas.

O episódio que contribuiu de forma mais contundente para o esfriamento das relações entre os dois países esteve ligado à reação da presidente Dilma aos atos de espionagem praticados pela National Security Agency (NSA) contra o governo brasileiro, a Petrobras e as comunicações pessoais da presidente. A presidente exigiu o mesmo tratamento dado à Alemanha (e à sua chanceler): um pedido de desculpas e o compromisso de que a NSA interromperia tal prática. Na ausência de tal gesto, anunciou-se que as relações entre Brasil e EUA se manteriam distantes.

Esse padrão – em que aos temas de política externa têm sempre um papel secundário – está vinculado a duas características da gestão (e da personalidade) da presidente Dilma: o desinteresse pela política externa e a falta de empatia com o Itamaraty.

Um incidente reflete de forma transparente o conflituoso e distante convívio da presidente com o Itamaraty. Aconteceu quando o senador boliviano Roger Molina, da oposição a Evo Morales, refugiou-se na chancelaria do Brasil em La Paz por 455 dias. Ele pediu asilo ao Brasil, mas não recebia. Até que o diplomata brasileiro Eduardo Saboia, responsável pela missão diplomática brasileira no país, resolveu levá-lo ao Brasil, mesmo sem autorização da presidente. O episódio causou a demissão do ministro das Relações Exteriores.

A política externa do governo Dilma representou vivo contraste com as linhas de política externa seguidas tanto por FHC como por Lula. FHC consolidou a credibilidade externa do país. Lula, embora tenha cometido graves equívocos no segundo mandato, aproveitou o êxito do *boom* das *commodities* e projetou o país como grande economia emergente. Dilma não fez nem uma coisa nem outra. A dimensão de sua gestão teve a marca da paralisia, das opções irrefletidas e dos caminhos equivocados.

Temer: ponto de inflexão na política externa

Ao assumir como presidente em exercício, Michel Temer escolheu José Serra para ministro de Estado das Relações Exteriores, e importantes mudanças de rumos na política externa foram anunciadas. Em crítica implícita ao governo anterior, o novo chanceler indicou que "a política externa será regida pelos valores do Estado e da nação, não do governo e jamais de um partido."

A mudança mais vigorosa nos primeiros meses de mandato ocorreu com relação à América do Sul e se refletiu na dura resposta do Brasil às acusações dos países da Alba e do secretário-geral da Unasul de que o processo de impeachment havia sido um "golpe parlamentar" e uma "ruptura da ordem democrática".

Igualmente firme foi a crítica de Serra à política comercial brasileira, concentrada excessivamente nas negociações multilaterais no âmbito da Organização Mundial do Comércio (OMC), e que colocou o país à margem da multiplicação de acordos bilaterais de livre comércio. A veemência das críticas e a aproximação entre o Itamaraty, a Câmara de Comércio Exterior (Camex) e a Agência Brasileira de Promoção de Exportações e Investimentos (Apex-Brasil) são indicadores de futuras mudanças em nossa política de comércio exterior.

Na linha da tradição diplomática brasileira, Serra reiterou a prioridade da parceria com a Argentina, além de sublinhar a necessidade de renovar o Mercosul, de criar pontes com a Aliança do Pacífico e de combater a fratura do continente em uma espécie de novo Tratado de Tordesilhas.

Não há indícios de abandono da cooperação do Brasil com os países do Sul, mas são visíveis os sinais de uma visão mais pragmática de nossas relações com países da África e da Ásia, ditada pela busca do interesse nacional.

Em síntese, Serra demonstrou mudança de substância nas relações com a América do Sul (sobretudo a Alba), deu sinais claros no sentido da preservação e correção dos rumos do Mercosul, atribuiu a prioridade à China e à Índia, sem realce ao agrupamento Brics, e enfatizou a necessidade de abertura para negociação de acordos bilaterais de comércio, mas com reciprocidade.

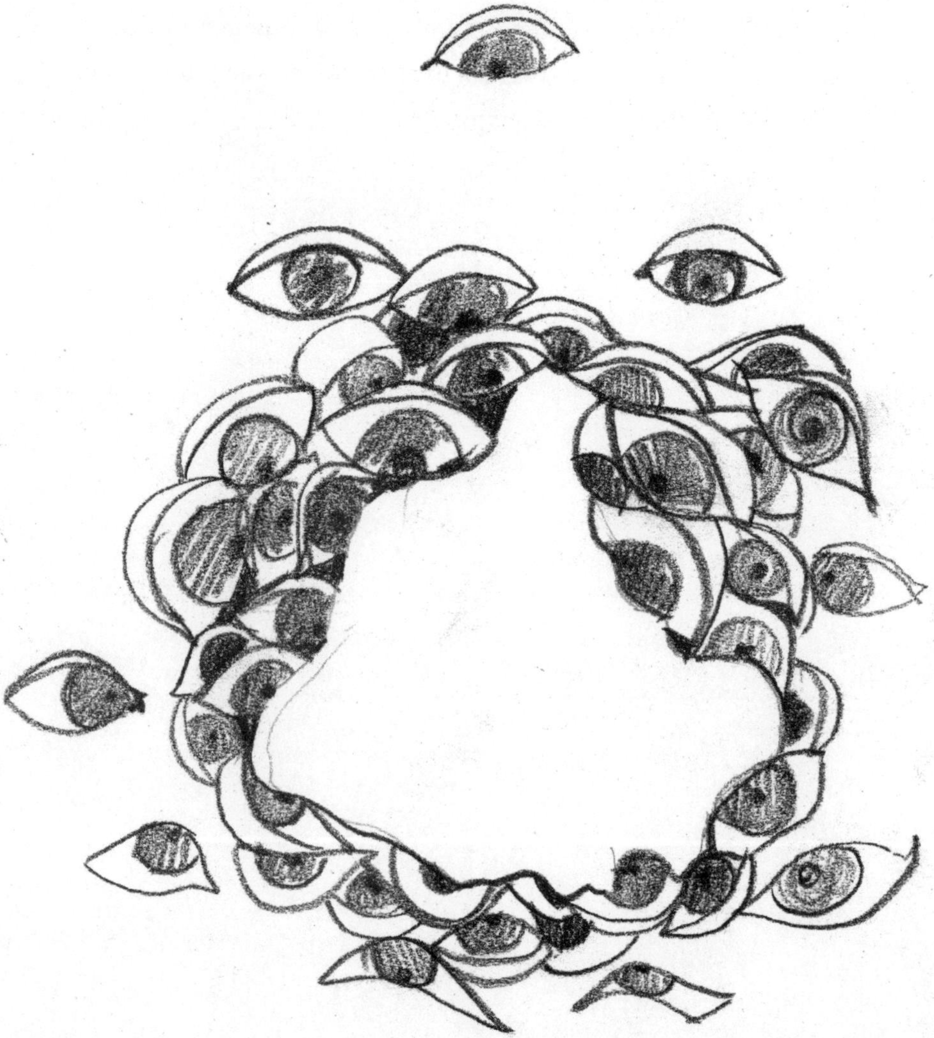

O Brasil visto de fora

Milton Blay

Durante anos a fio, as origens me traíram. Nas conversas com os franceses, surgia sempre o inevitável dialogo:

— *Vous avez un tout petit accent. Vous êtes de quelle région?*
(Você tem um pouco de sotaque. De que região você vem?)
— *Je ne suis pas français.*
(Eu não sou francês.)
— *Ah bon, alors vous êtes de quelle origine?*
(Ah, então qual a sua origem?)
— *Cherchez!*

"Adivinhe!", eu respondia com ar desafiador, com o único objetivo de alimentar o papo, sabendo de antemão que desfilariam as mais diversas nacionalidades europeias, da inglesa à alemã, para terminar nos países do leste, Polônia ou Rússia.

Em 40 anos vividos em Paris, ninguém jamais acertou; após muitas tentativas me vi até na pele de um argentino milongueiro, nunca de um brasileiro. Afinal, não tinha o físico, nem a pele morena, nem o sotaque dos nossos compatriotas, não jogo capoeira e não tenho samba no pé.

– Brasileiro de verdade? – perguntavam com jeito incrédulo.

– E lá tem brasileiro de mentira? – eu respondia com cara de idiota.

Até pouco tempo atrás, o diálogo prosseguia da seguinte forma:

– *BRRAZIIILL!!!* – seguido de um sorriso aberto, daqueles que mostram todos os dentes, deixando evidente um misto de alegria e inveja.

Em geral, os franceses são incapazes de entender como um brasileiro pode trocar as praias idílicas do Rio de Janeiro ou as avenidas de São Paulo por Paris. E depois de saber que eu não deixei o país a pontapés, ou seja, que não era exilado, fugido da ditadura, nem migrante econômico, a incompreensão do meu interlocutor chegava ao clímax, a ponto de me questionar estupefato:

– *Qu'est-ce que vous faites ici?*

(O que você está fazendo aqui?)

Alguns conterrâneos, entre os defensores intransigentes do Brasil potência, que o mundo parou para admirar nos últimos anos, e os críticos contumazes, argumentam que as coisas mudaram. Feliz ou infelizmente, não. Há pouquíssimo tempo, no batizado da filha de um amigo, perto de Valence, no sudeste da França, fui abordado por um convidado que veio com o mesmíssimo papo. E não se tratava de um ignorante das coisas do Brasil. Ao contrário, era um sujeito de meia-idade que trabalhava na indústria automobilística e que visitou nosso país uma dezena de vezes nos últimos anos. O Brasil fascina.

Nessa relação de amor, muitos franceses são acometidos de cegueira seletiva, uma doença universal chamada *esteriotipiade* (transmitida pelo vírus *esteriotipus*), da qual é impossível se desvencilhar.

Quando uma imagem cola, fica para sempre. O mexicano é sonolento, vide a imagem de Pancho de sombreiro, fazendo a *siesta*. O colombiano é traficante de drogas ou, na melhor das hipóteses, apenas drogado. O alemão é eficiente. O francês, arrogante. O japonês é baixinho, top em eletrônica e miniaturização. O irlandês, beberrão bem-humorado. O italiano do sul é mafioso, o do norte metido a besta. O chinês não pode ver algo novo sem copiar.

Na península ibérica, o comportamento despojado, leve, desrespeitoso do brasileiro, incomoda. Mas nada a fazer, o brasileiro é assim; dizem nossos irmãos lusitanos.

Por muito tempo, graças à nossa música popular, ao futebol, ao carnaval (na Europa conhecido como festival), às mulatas de bunda de fora e, sobretudo, à simpatia, passamos ao mundo a imagem de um povo alegre, brincalhão, hospitaleiro, de vibrante musicalidade, de uma sensualidade estonteante e um otimismo desmedido. Povo cordial, de paz e amor. O sonho de muitos europeus branquelos era namorar uma brasileira especialista em rebolado. Convivi com muitos compatriotas que em Paris se tornaram "professores" de capoeira ou "músicos", às vezes os dois, sustentados por mulheres ricas, que desfilavam com os seus brasileiros de corpos esculturais a tiracolo.

O Brasil insosso

Nos idos dos anos 1960/70, o Brasil era quase totalmente desconhecido. Sabia-se muito mais sobre a África que a respeito do nosso país, cuja capital era Buenos Aires, onde se falava espanhol, tocava-se maracas e a música era uma mistura de samba e rumba. E isso apesar de o Brasil ser um dos países estudados na seção de geografia dos manuais escolares das crianças francesas, italianas ou alemãs, considerado pelas autoridades pedagógicas europeias uma das potências do futuro, um gigante "condenado" a acordar para ocupar um lugar de destaque no mundo, tamanhas as suas riquezas. Pena que as poucas – e nem sempre corretas – informações sobre o país do café, que as crianças deviam aprender de cor e salteado, eram esquecidas tão logo terminado o capítulo e virada a página rumo à China. O Brasil ensinado nas escolas europeias é insosso.

Por falar em país do futuro, raríssimos são aqueles que conseguem seguir nossa trajetória, em forma de sobressaltos e ziguezagues.

No Salão do Livro de Paris de 2014, com o Brasil como país convidado, vários palestrantes comentaram não entender por que e como o Brasil, que tinha chegado ao *status* de desenvolvido com Lula, levou um tombo tamanho que o jogou de volta à categoria de país do futuro, de um futuro remoto.

Lembro-me que mal havia pisado em solo gaulês quando Odile, mulher do amigo Gérard, comentou que nós, brasileiros, éramos exóticos. Esse foi o pior elogio que recebi: ser exótico. Porque exótico é aquele que não se encaixa em nenhum padrão, é estranho, desconhecido. Pois bem, apesar de hoje o Brasil ser mais conhecido (*ma non troppo*), o tal exotismo me acompanha, quatro décadas após o desembarque no aeroporto de Orly. Aos olhos dos europeus somos sim, exóticos, como bichos estranhos na jaula de um zoológico.

A parte boa desta imagem superficial é que em toda a Europa, onde a imigração é vista por um número cada vez maior como um problema sócio-político-econômico, ser brasileiro é sinônimo de sorrisos, ao menos numa primeira abordagem. Raramente, passado o controle de passaportes dos aeroportos, um brasileiro, ao contrário de muitos outros que chegam ao velho mundo, é mal tratado. Em quase todo lugar, são inevitáveis os papos animados sobre futebol, mulher, música e praia.

Verdade seja dita: se os europeus têm uma visão distorcida da nossa realidade, parte da culpa nos incumbe. O Brasil sempre vendeu uma imagem incompatível com aquilo que realmente é. Via de regra, a Embratur, a Varig no passado, a TAM, as agências de viagem, sempre se agarraram aos estereótipos mais arraigados: as praias, as bundas, a ginga, índios, floresta, favelas, caipirinha e, até recentemente, futebol. Como se a França, ao tentar atrair turistas, colocasse em destaque o indivíduo de boina, nariz vermelho, baguete no sovaco, o litro de *Gros Rouge* (vinho tinto barato de péssima qualidade) na mão e um bom banho por ser tomado.

Le Brésil n'est pas un pays sérieux

Um episódio marcou profundamente o olhar com que os europeus nos enxergam: a guerra da lagosta, entre a França e o Brasil, que levou nosso embaixador na época a proclamar, após um encontro com o general Charles de Gaulle, que o Brasil não era um país sério. Ao contrário do que ficou gravado no imaginário popular, o presidente francês jamais pronunciou tal frase, de autoria de Carlos Alves de Souza, dita ao jornalista Luiz Edgar de Andrade, então correspondente do *Jornal do Brasil* em Paris. Ao terminar uma reunião com De Gaulle em torno do episódio da "guerra da lagosta", em 1962, quando barcos franceses pescavam o crustáceo ilegalmente nas águas territoriais do Nordeste brasileiro, Alves de Souza relatou a Luiz Edgar o encontro, dizendo-lhe ter conversado com o general sobre o samba carnavalesco "A lagosta é nossa", de Moreira da Silva, e as caricaturas que faziam de De Gaulle na imprensa carioca, terminando a entrevista assim: "Edgar, *le Brésil n'est pas un pays sérieux*". O jornalista mandou a matéria para o JB e a frase, que nos espelha até hoje, acabou outorgada erroneamente a De Gaulle.

Kafkiano, o episódio merece ser lembrado:

O Brasil alegava que a lagosta era um recurso pertencente à plataforma continental devido à sua natureza sedentária. "Para se deslocar, o animal não anda. No máximo, executa saltos."

Em resposta, o governo francês argumentava que a lagosta devia ser considerada um peixe. Afinal, movia-se constantemente no mar e, portanto, não era um recurso da plataforma. O objetivo da França era deslocar o assunto para o campo da pesca em alto-mar, permitida pela lei internacional. Para derrubar a lógica francesa, o comandante Paulo de Castro Moreira da Silva (1919-1983), renomado oceanógrafo, soltou uma pérola de ironia: "Se a lagosta é um peixe porque se desloca dando saltos, então o canguru é uma ave".

Na época, os dois países chegaram a mobilizar suas forças armadas, com a França deslocando um contingente naval para a área. O Brasil, sob a presidência de João Goulart, colocou em alerta a esquadra, a força aérea e o 4º Exército, comandado pelo general Humberto de Alencar Castelo Branco. Mal sabia Jango que assim fortalecia o militar que viria a derrubá-lo, um dos chefes do golpe.

A França, imaginando que o Brasil contava com o apoio dos Estados Unidos, recuou e dessa forma se impediu a captura das lagostas, a partir de março de 1963. Paris desconhecia que os aviões e navios brasileiros não passavam de sucata.

Plagiando o Barão de Itararé a respeito da Revolução de 1930, durante essa guerra não foi disparado um tiro sequer.

Ganhamos o direito de afirmar: "A lagosta é nossa!", como na marchinha carnavalesca. E a guerra da lagosta se tornou, assim, um dos atos fundadores da nossa imagem internacional.

Às vésperas do Golpe de 1964, as relações franco-brasileiras estavam em processo de reconstrução.

Brasil e França não tinham embaixadores. A diplomacia estava entre as mãos do segundo escalão quando De Gaulle decidiu fazer um périplo por dez países latino-americanos, marcando a viagem para outubro. Nesse meio tempo, os militares tinham tomado o poder. Se João Goulart não era visto pelo Palácio do Eliseu como um interlocutor com o qual se podia negociar acordos importantes, em contrapartida a chegada dos militares ao poder foi bem recebida. Oficialmente, De Gaulle não reconheceu de pronto o novo governo, mas enviou uma carta ao então general Castelo Branco, antes mesmo de Washington se manifestar, interpretada como reconhecimento implícito. O militar francês apreciava seu par brasileiro e não estava nem um pouco preocupado com a violação da democracia no Brasil.

A confiança das autoridades francesas, e europeias em geral, estava ganha, mas a guerra da opinião pública não. Uma missão negociadora foi enviada pelo Itamaraty a vários países europeus, com o objetivo de melhorar a imagem do Brasil, que vinha sendo alvo de críticas diárias na imprensa. Em vão. O editorial do então diretor do *Le Monde*, Hubert Beuve-Méry, intitulado "Ordem contra o Progresso", em 4 de abril de 1964, marcou data, correu o mundo e deixou a cúpula militar brasileira extremamente irritada, pois além de contestar a constitucionalidade do golpe, colocava em dúvida seus propósitos democráticos.

Grosso modo, a imagem do Brasil era multiforme: excelente junto aos governos, péssima na mídia, de ignorância entre a população.

Castelo Branco decidiu então enviar para uma turnê europeia o governador da Guanabara, Carlos Lacerda. Foi um erro crasso. Sua missão era explicar às democracias europeias a nova conjuntura política brasileira, já que Brasília considerava que a imagem da "Revolução" estava sendo deformada pela imprensa estrangeira. No entanto, ao descer no aeroporto de Orly, Lacerda foi cercado por jornalistas e com uma verve ferina atacou a França colonial, chamou os correspondentes franceses de imbecis e bandidos e destratou o próprio De Gaulle, que se negou a recebê-lo. Ninguém saiu incólume dessa entrevista, nem sequer Castelo Branco, de quem o governador era emissário. Quatorze anos depois, ao chegar na França, fui testemunha do quanto este episódio marcou a deterioração da imagem brasileira junto à mídia europeia. Alan Fontaine, editor-chefe do *Le Monde*, me contou a entrevista em detalhe, insistindo na grosseria do brasileiro. Me presenteou com um exemplar do jornal em que a entrevista de Lacerda foi publicada. Prova do mal-estar ainda reinante nas relações bilaterais.

O Ato Institucional e a chegada dos exilados foram momentos determinantes para a mudança da imagem do Brasil, que se deteriorou ainda mais. A presença na França, Alemanha, Itália, Inglaterra, de intelectuais perseguidos como Josué de Castro, Celso Furtado, Samuel Wainer, Violeta Arraes (irmã de Miguel Arraes) contribuiu para que o contexto interno brasileiro se tornasse mais conhecido e divulgado. Aos poucos a opinião pública passou a se solidarizar com os exilados, mobilizando-se contra as violações dos direitos humanos pelos militares.

Paralelamente, na economia, a Europa olhava para nós com olhos namoradeiros de quem está prestes a fazer bons negócios. Os europeus viam o "milagre brasileiro" e esfregavam as mãos. A Alemanha mergulhou de cabeça no programa nuclear brasileiro, que chegou a ser chamado de "contrato do século". O país era tido como um novo Eldorado. Nessa época, as grandes empresas multinacionais europeias se instalaram no Brasil milagreiro de Delfim Netto, dentre elas as quarenta maiores empresas francesas presentes no índice CAC 40 da Bolsa de Valores de Paris e as alemãs do DAX, de Frankfurt. A City de Londres flertava com o Brasil.

Contudo, não demorou para que a Europa – a França em particular – passasse a ser considerada por Brasília como o centro de contestação do regime. O que fez com que o Itamaraty redobrasse esforços para propagar um quadro positivo do governo brasileiro, que não queria ser identificado como um regime autoritário. Nos principais países europeus, os diplomatas tentaram até atuar junto às autoridades para que fosse imposta a censura às críticas da imprensa. Afinal, pensava o Itamaraty, se era possível censurar no Brasil, também deveria sê-lo na Europa. Nem é preciso dizer que a tentativa foi infrutífera, além de ter criado um péssimo clima.

Uma imagem caleidoscópica

A Europa institucional continuou a apoiar o regime de exceção. A França (que gargareja direitos humanos) ensinava aos militares brasileiros, norte-americanos e outros latino-americanos as filigranas da tortura e as técnicas de repressão, tendo à frente a sinistra figura do general Paul Aussaresses, grande especialista da guerra da Argélia, que chegou a ser adido militar na embaixada francesa em Brasília e fundador da escola de tortura de Manaus. Foi ele, Aussaresses, que introduziu no Brasil a terminologia "Esquadrões da Morte", então dirigidos por João Batista Figueiredo, seu grande amigo, e pelo delegado Sérgio Paranhos Fleury.

Prova cabal de que o Palácio do Eliseu e o regime militar brasileiro estavam em total sintonia. Mesmo se os franceses, envergonhados de terem apoiado a ditadura, hoje tentem dourar a pílula, alegando ignorância (uma doença muito comum do Oiapoque ao Chuí, mas que ultrapassa as nossas fronteiras). As relações bilaterais, ao tempo de Valéry Giscard D'Estaing e Figueiredo, eram excelentes. A falta de democracia nunca pesou na balança.

Tiradas de um momento conturbado da nossa história, essas diferentes visões mostram, como se necessário fosse, que não existe uma imagem única, uniforme, do país no exterior. Imagens são caleidoscópicas, múltiplas, contraditórias, dependendo de quem se exibe, como se exibe, de quem as recebe etc.; enfim são milhões de variáveis. Uns acham o Brasil um inferno, outros um paraíso, uns veem o Brasil alegre, sob o ritmo alucinante e festivo das escolas de samba, outros não se conformam com os contrastes do Rio de Janeiro Zona Sul e se negam a pisar na cidade maravilhosa, com medo da violência.

Às vezes, essa imagem depende de detalhes aparentemente insignificantes.

A França de François Mitterrand, por exemplo, teve relações conturbadas com o Brasil depois de o casal presidencial francês ter ficado maravilhado com a inteligência de Tancredo Neves, recebido como amigo na casa de campo de Latché, na região de Landes, logo após ser eleito. Uma deferência a que poucos tiveram direito; dentre eles Mikhail Gorbachev, Helmut Kohl e Shimon Peres. Tancredo teve sua foto pendurada na parede da casa dos Mitterrand, algo raríssimo da parte de um homem que se considerava um quase Deus. Em contrapartida, François Mitterrand menosprezava José Sarney, por considerá-lo um escritor medíocre, um pseudointelectual. Isso para o presidente francês era muito pior que ser um péssimo político. Sarney deu o troco ao deixar vazio o lugar reservado ao Brasil no banquete comemorativo dos 150 anos da Revolução Francesa, criando um contencioso que o francês todo-poderoso não engoliu. Assim como o primeiro-ministro Michel Rocard não suportou a arrogância de Fernando Collor de Mello, em visita à Paris pouco antes de tomar posse.

Foi só com a eleição de Fernando Henrique Cardoso que o Brasil passou a ser visto com respeito, com voz no mundo. O país mudou de cara. No momento pós-Guerra Fria, os líderes europeus sentiram-se próximos do presidente brasileiro, que por sua vez usou a sua imagem de ex-professor da Universidade de Paris e da alcunha de "Príncipe dos Sociólogos" para se aproximar das novas democracias do Leste e negociar o apoio dos europeus à candidatura brasileira a um posto permanente no Conselho de Segurança da ONU. FHC viajou muito mais que seus predecessores e fez inúmeros amigos. Aproximou o Brasil da Europa, realizando o primeiro encontro de alto nível Europa-América Latina. Mas sua política externa foi vista com desconfiança por evitar sistematicamente tomar posição sobre assuntos sensíveis, em nome dos princípios de soberania e autodeterminação. Como bom tucano, ficou sempre em cima do muro.

Apesar de um contencioso comercial na área agrícola, Jacques Chirac e FHC tornaram-se íntimos. Os dois países viveram um idílio. Como depois, Lula e Nicolas Sarkozy formariam um casal inseparável, quase irmãos siameses.

Mas paralelamente a essa transformação positiva da imagem institucional brasileira no exterior, o país ganhou manchetes manchadas de vermelho nos anos FHC. A violência e a prostituição viraram marca registrada de um Brasil até então considerado pacífico. Os europeus passaram a pensar duas, três vezes antes de se aventurar a pegar o avião para cruzar o Atlântico Sul. No imaginário popular, brasileiro se tornou sinônimo de travesti do Bois de Boulogne. O país exportava escravas brancas e era um chamariz da exploração sexual infantil, espaço antes ocupado pelos asiáticos.

Foram momentos de convivência entre o pior e o melhor Brasil, entre o país oficial, que colocava um ponto final na hiperinflação, e o país marginal.

O sucessor, Lula, foi, por unanimidade, o brasileiro mais conhecido no mundo desde Pelé. Quem nunca tinha ouvido falar no Brasil fora dos estereótipos, a partir de então, maravilhado com a história de vida do retirante nordestino que prometia dar a todos três refeições diárias, se extasiou com os feitos "milagrosos" do presidente brasileiro.

O episódio do mensalão arranhou essa imagem, mas por pouco tempo. Na Europa, os editorialistas foram extremamente benevolentes com relação a Lula, abraçando a tese de que ele não sabia de nada do que acontecia no gabinete contíguo ao seu.

Raríssimos foram aqueles que questionaram a figura do presidente, que recebeu o apoio da grande imprensa como nenhum outro. Se a cota de popularidade de Lula já era astronômica no Brasil, fora das nossas fronteiras praticamente ninguém ousava contestá-lo, mesmo após a sua saída do Palácio do Planalto.

Lula foi ensinar economia aos franceses

Ao receber em 2011 o título de *Doutor Honoris Causa* do Instituto de Estudos Políticos de Paris, a famosa Sciences Po (que formou e continua formando a elite francesa), Lula foi convidado pelo decano da escola, Jean-Claude Casanova, a dar a receita mágica para combater a crise. O brasileiro, acompanhado de José Dirceu, discursou durante mais de duas horas de maneira ininterrupta, traçou o mapa da estrada para acabar com o aquecimento climático, mostrou desprezo por Obama, elevou Dilma Rousseff aos píncaros, elogiou o "companheiro" Chávez e saiu aplaudido pelos estudantes latino-americanos, que entoavam "Pra não dizer que não falei de flores", de Geraldo Vandré. Na saída do prédio próximo do Boulevard Saint-Germain, um jovem ao meu lado, quase às lágrimas, exclamou: "Eu toquei nele, toquei nele!!!"

Efetivamente, para muitos, Lula foi uma espécie de Padre Cícero, o nordestino capaz de dar lição de economia aos maiores intelectuais franceses e reacender a chama da esquerda.

Com Lula na presidência, os europeus acreditaram que o Brasil havia dado o salto definitivo para entrar no hall das nações desenvolvidas.

O Cristo redentor em forma de foguete disparado rumo aos céus, publicado na capa da revista britânica *The Economist*, em 2009, espelhava o sentimento geral. O futuro enfim chegara. Acreditava-se que ninguém nem nada poderia barrar a rota do Brasil rumo ao Primeiro Mundo. O país decolou.

No campo esportivo, a escolha do Brasil para sede da Copa do Mundo e das Olimpíadas era o corolário lógico do momento econômico, político e social que atravessávamos.

Amigos no Brasil com que eu conversava tinham até pena de mim, por morar em um país em crise, sem perspectivas, de moeda fraca.

Mas o foguete caiu com a mesma rapidez que havia subido. E a *The Economist* não perdoou. Em setembro de 2013, o Cristo-foguete ressurgiu desgovernado na capa, legendada: O Brasil estragou tudo.

Os europeus, de todas as camadas sociais, que tanto elogiaram Lula, não entenderam o que aconteceu e continuam até hoje a procurar respostas. Em vão.

Quanto à corrupção desenfreada na Petrobras, a mídia europeia tende a minimizar as participações de Lula e Dilma. *Grosso modo*, não sabiam de nada.

Imagem: uma preocupação ridícula

A divisão entre "coxinhas" e "petralhas" não é refletida externamente. O planeta, com raras exceções, não perdeu o sono com questões como a do impeachment de Dilma Rousseff. Fora do país a impressão da destituição é um fato secundário, que apesar da extensa cobertura da imprensa internacional não vai abalar o mundo. Quais foram os chefes de Estado e de governo que se manifestaram a respeito? Apenas os bolivarianos. Quantos jornais importantes tomaram posição a favor de um ou de outro? Pouquíssimos. Todos tentaram, quase sempre em vão, entender e explicar aos leitores as diversas facetas das crises brasileiras e suas consequências. Nada mais.

Os brasileiros se preocupam demasiado com a sua imagem no exterior, pois procuram, na verdade, buscar lá fora argumentos para reforçar suas posições sobre assuntos internos. O mundo tem muito pouco a nos ensinar sobre o que somos.

Muitas vezes ouvi: "Viram só, até o *The Guardian* reconheceu que houve golpe..."

Ou então: "*Le Monde* escreveu, com todas as letras, que não houve golpe..."

Queremos saber, em primeira mão, o que estão pensando de nós.

As redações, em parte por preguiça, são famintas por repercussão, preferindo ignorar o fato de que, frequentemente, os artigos e editoriais são escritos por jornalistas que mal conhecem o Brasil ou por correspondentes próximos de tal ou tal partido político, manipulados por Brasília.

Há ainda a se levar em conta que em tempos de crise, como de guerra, a verdade é a primeira vítima. A manipulação é generalizada.

Neste momento, dentre os brasilianistas, as opiniões divergem: David Fleischer, professor de Ciência Política UnB, acredita que o Brasil pode recuperar sua imagem no exterior se, entre outras coisas, a crise econômica for estancada. Stéphane Monclaire, professor da Sorbonne e grande estudioso da Constituição brasileira, levou para o túmulo a certeza de que não houve golpe. O geógrafo Hervé Théry defende a tese de que o Brasil já deixou de ser um país emergente para se tornar um país "emergido", título de seu mais novo estudo.

Há imagens para todos os gostos, para fortalecer ou fragilizar todo e qualquer argumento.

Falando bem ou mal do Brasil, fica claro que os estrangeiros, dos chamados *experts* aos diplomatas, passando pelo cidadão comum, jornalistas, políticos, até chefes de Estado, têm enorme dificuldade em nos entender.

Fora dos clichês, as certezas são parcas.

A primeira é de que o Brasil continua sendo o país do futuro... futuro que certamente vai chegar um dia. A segunda expõe a violência de um país explosivo, onde não se vive em segurança. A terceira nos traz de volta à "guerra da lagosta": *Le Brésil n'est pas un pays sérieux.* Somos, como fomos, o país do carnaval.

Ziriguidum!

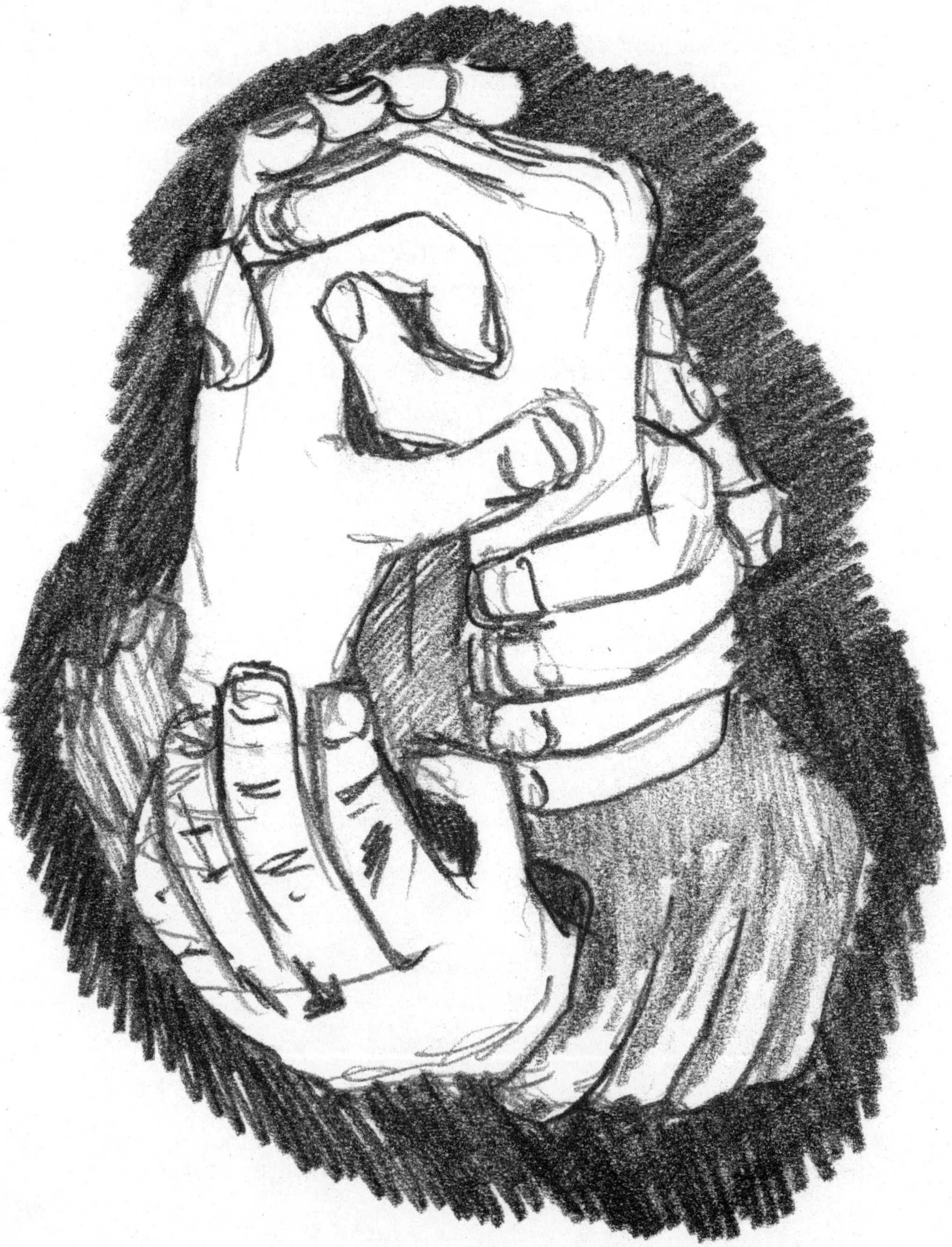

A Contexto e eu

Leandro Karnal

No princípio era outro mundo...

Em 1987, o Brasil ainda acordava da longa noite ditatorial. A constituinte estava reelaborando o pacto jurídico e havia debates sobre a governabilidade futura do país. Os profetas de sempre alertavam para o excesso de direitos e benefícios que inviabilizariam o país. O chamado "custo Brasil" dispararia e seríamos levados a um desastre por pretender direitos suecos com renda moçambicana. O pessimismo com o futuro da República, da "Nova República", crescia ano a ano.

No campo econômico, os primeiros golpes espetaculares dados na inflação já se mostravam insuficientes. Um ano depois do seu popular início, o choque heterodoxo denominado plano Cruzado fazia água por todos os lados. Os intermináveis cinco anos do governo Sarney terminariam com espetaculares índices acima de 84% ao mês e com um índice acumulado ao ano com a cifra extraordinária de 4.853,90%.

A atividade produtiva estava contraída e a disparada inflacionária ocorria em meio a denúncias de corrupção. Eram os anos da "estagflação" que une o governo final da ditadura militar e o inicial da Nova República. A década de 1980 seria conhecida, no Brasil e fora, como a "década perdida".

Jovem, a democracia brasileira foi reinstalada por um grupo dominantemente conservador, com vários membros do Regime Militar presentes, inclusive o próprio José Sarney. A oposição confiável tomara o poder, sem atritos notáveis ou quebra da ordem vigente. Houve avanços, especialmente a Constituição de 1988, mas a Nova República nascera para manter a estrutura social e econômica de todas as velhas repúblicas que a precederam.

Contestadores desta "*pax* conservadora", ressurgiram os velhos partidos comunistas e crescia o partido que emergira das greves do sindicalismo do ABC paulista, o Partido dos Trabalhadores (PT) (1980). O PT assumia uma vertente socialista clara e atacava o modelo ético adotado pelos grandes partidos, como o PMDB e os mais conservadores, como o PFL.

Também surgiria, em 1988, um partido que deveria orientar-se pela centro-esquerda, o PSDB, que começava a encantar uma parcela do eleitorado com nomes como Franco Montoro e Fernando Henrique Cardoso. A social-democracia também pressupunha um reequilíbrio entre capital e trabalho, buscando modelos de um *welfare state* europeu e uma regeneração ética do Brasil.

O socialismo histórico do Leste Europeu vivia um processo de reformas conhecido pelas palavras *Glasnost* e *Perestroika*, transparência e reestruturação. No fim da década, em velocidade que impressionou toda a minha geração, os regimes socialistas ruiriam em sua maioria.

A queda do Muro de Berlim, em novembro de 1989, foi o símbolo do fim de uma era e do próprio século XX, que tinha sido definido pelo choque entre EUA e URSS.

O liberalismo de Ronald Reagan e Margaret Thatcher parecia vitorioso e, na década seguinte, cogitava-se a ideia de um "fim da história", na expressão do pesquisador Francis Fukuyama. Para o norte-americano, teríamos chegado ao ponto máximo com a vitória do modelo democrático-liberal-ocidental.

A China vivia, nos anos 1980, uma transformação estrutural. As reformas de Deng Xiaoping levariam o país a um crescimento espetacular que elevaram o Império do Meio ao posto de fábrica do mundo. Mão de obra barata e dócil, investimentos maciços do Estado em infraestrutura, produtos de baixo valor agregado e agressiva política de exportação transformariam todo o planeta. Setores fabris do ocidente tiveram de ser reorganizados e redefinidos. Após ter tentado refazer o socialismo com sua Revolução Cultural, a República Popular da China redefinia o capitalismo ocidental a contrapelo.

Uma memória

O passado, olhado a distância, assume uma unidade no infinito processo de reconstrução da memória. Fustel de Coulanges havia advertido, já no século XIX, que as pessoas observavam o Antigo Regime como uma coisa única e imóvel, ignorando as nuanças e transformações do longo período anterior à Revolução de 1789. Ao viver num mundo de novos fatos, o presente, o autor de *A Cidade Antiga* advertiu que o imobilismo pretérito era uma ilusão. O texto a seguir, presente na obra de François Hartog, *O século XIX e a História: o caso Fustel de Coulanges*, é precioso e merece nossa atenção:

O que faz com que o Antigo Regime nos pareça um período de imobilidade em comparação com a época atual é que somos joguete de uma dupla ilusão, no que tange ao presente e no que se refere ao passado. Quanto ao presente, somos levados a acreditar que andamos muito depressa, porque percebemos nosso andar, porque os movimentos da sociedade, mal se produzem, são tão marcados que nenhum nos escapa. Esses movimentos parecem-nos até mais fortes do que são, porque os avaliamos mais pelo esforço produzido do que pelo resultado obtido, de sorte que muitas vezes cremos ter avançado muito quando na verdade mal saímos do lugar. Dá-se o contrário com o passado. Julgamos que ele é quase imóvel porque já não lhe sentimos as vibrações e já não lhe percebemos os estremecimentos. Nem sempre notamos com que dificuldade as gerações avançavam e só vemos o caminho que elas realmente percorreram. Numa palavra, julgamo-nos pelos esforços que fazemos, e não podemos julgar o passado senão pelos resultados, que são sempre bem menores do que os esforços.

Para o historiador profissional, o passado jamais é uma reconstrução automática e exata das coisas que ocorreram, tal como elas "foram". A memória é um diálogo entre o passado como conseguimos reconstruí-lo, a partir de preocupações e possibilidade do presente. Assim defini, no texto "Lembrar e esquecer ou a vida entre Dory e Funes" publicado no jornal *O Estado de São Paulo*:

Para um historiador, a memória é uma construção. Ela não significa trazer um fato à tona, mas como eu, hoje, construo minha relação com o fato pretérito. Nunca se trata de recriar o passado, ou como queria Leopold von Ranke, descrever as coisas tal como "realmente foram". Hoje, é mais usual dizer que o especialista em memória (o historiador) estuda como são lembrados ou esquecidos os fatos históricos. Sob este enfoque, toda história seria história contemporânea.

Tudo o que hoje escrevemos sobre o passado deve ser refeito em breve. Mudando-se o ponto no qual eu falo, o ponto sobre o qual pesquiso também se desloca. Se houver um texto com objetivo similar a este, nos 50 anos da Editora Contexto, será completamente diferente. Cícero definiu a História como mestra da vida. Poucas áreas de conhecimento são tão servas da vida orgânica e mutante dos humanos quanto a História. Claro que o texto histórico não é ficcional e nem literário, ele é o texto histórico, e ocupa um lugar distinto de outras áreas de conhecimento, com normas próprias de objetividade e de subjetividade. Isso, em si, é chamado de historicidade, ou, de outra forma, contexto...

Meu contexto

Remeter minha memória a 1987 implica pensar no meu primeiro momento em São Paulo e o início do doutorado na USP. Eu fazia os primeiros créditos da pós-graduação da FFLCH. Descobria o mundo em São Paulo e vivia as aventuras intelectuais com as aulas dos professores Nicolau Sevcenko, Laura de Mello e Souza, Hilário Franco Jr., Francisco Murari Pires e as sempre estimulantes reuniões e aulas com minha orientadora, Janice Theodoro. Essas minhas ordenadas.

Em pouco tempo eu encontraria uma abscissa. O professor Jaime Pinsky era titular de História Antiga e Medieval da Unicamp.

Deixava a carreira docente como titular na universidade que eu viria a ingressar depois. Erudito e escritor, decidira criar a Editora Contexto após os anos dedicados à pesquisa de História Antiga, Medieval e sionismo. Solicitou a colegas universitários que coordenassem coleções com jovens pesquisadores.

Eu fazia um seminário sobre milenarismo medieval com o professor Hilário. Arriscava-me a traduzir a peça *Ludus de Antichristo* para o seminário. Ele me pediu um volume paradidático sobre história colonial dos Estados Unidos. Eu era um jovem pesquisador de América Hispânica e tinha acabado de voltar de uma temporada de pesquisas no México. Por coincidência, comprara lá uma coleção de muitos volumes com documentos coloniais: *Annals of America*. A curiosidade bibliográfica virara gesto profético.

Quando se é jovem, apresentamos mais entusiasmo do que juízo. Escrever um livro paradidático sobre um tema que fugia ao imediato da minha pesquisa? Hoje eu diria não. Naquela ocasião disse um sim entusiasmado. Encontrei-me com o professor Jaime Pinsky no Alto de Pinheiros, onde ele morava. Começava uma longa e fértil relação entre a jovem Contexto e minha vontade de publicar e aparecer no mundo.

O resultado do encontro foi um pequeno texto chamado *Estados Unidos: a formação da nação*. Eu era professor de ensino médio e de alguns cursos superiores privados em São Paulo. Escrevi para a sala de aula, trazendo conteúdos que meus colegas conheciam, como o "comércio triangular", mas entrava em veredas novas. A grande novidade do livro era o ataque frontal à ideia dominante de colônias de povoamento e de exploração, que separava o Novo Mundo em áreas para as quais teriam ido pessoas muito sofisticadas intelectualmente e com intensa energia de trabalho (como a Nova Inglaterra) e outras que teriam recebido o restante da Europa, exploradores sem jeito e agressivos parasitas de moral duvidosa. Essas áreas seriam Brasil e México, por exemplo. A teoria tinha buracos enormes diante da pesquisa empírica, mas fazia sucesso em livros didáticos e como esquema mental para explicar as diferenças entre os EUA ricos e a América Latina pobre.

O pequeno texto conheceu relativo sucesso e, posteriormente, com modificações, foi incorporado como a primeira parte de uma obra maior, *História dos Estados Unidos*, em coautoria com Luiz Estevam de Oliveira Fernandes, Marcus Vinicius de Morais e Sean Purdy. O pedido do professor Pinsky atraiu-me para o campo da História dos EUA. No futuro eu seria muito mais lembrado por essas obras sobre as 13 colônias do que pelo trabalho com a História do México.

A relação com a Contexto resultou em participação em capítulos de obras como *As religiões que o mundo esqueceu* ou organização de volumes como *História na sala de aula*. Também fiz uma associação autoral com minha irmã, Rose Karnal, e fizemos *Conversas com um jovem professor*, livro muito autoral e com uma análise do que vem a ser o desafio pessoal e pedagógico para ensinar.

Em 2017, eu completo 30 anos em São Paulo e a Contexto completa 30 anos de atividades. A editora nasceu de um sonho ousado, em plena crise econômica, e, sob a ação do professor Pinsky, cresceu e marcou espaço no cenário brasileiro. Para a maioria dos intelectuais, a aposentadoria é um longo período de artigos esporádicos e algumas obras esparsas. Para o professor Jaime, foi uma injeção redobrada de vigor e atividades que abriram caminho para muitos autores, eu inclusive.

Nos 30 anos da minha vida em São Paulo, a maior parte da minha biografia por sinal, experimentei fases distintas e conheci meus dias de ventos fortes, desafios e frustrações. Ter aceitado o convite há tanto tempo foi uma das boas decisões que tomei na juventude.

Ingressei na Unicamp do professor Pinsky uns anos depois do primeiro livro. Cresci como professor, autor, palestrante e comentarista. Experimentei períodos fora do Brasil e muita coisa mudou. Houve uma explosão midiática em tempos mais recentes. Hoje, inúmeras editoras desejam que eu produza obras e tenho tentado atender à demanda, na medida do meu tempo escasso. Porém, este texto foi escrito com a boa memória e a sólida gratidão à editora que acreditou em mim quando nada disso existia. Que a Contexto continue descobrindo jovens autores e produzindo ondas no lago cultural do país. Ao professor Pinsky, ao professor Hilário Franco Jr. e à minha orientadora Janice Theodoro, o meu sincero e profundo muito obrigado.

Os autores

Jaime Pinsky

Historiador. Completou sua pós-graduação na Universidade de São Paulo (USP), onde também obteve os títulos de doutor e livre-docente. Foi professor na atual Unesp, na própria USP e na Unicamp, onde foi efetivado em concursos de professor adjunto e professor titular. Fez palestras ou desenvolveu cursos nos EUA, no México, em Porto Rico, em Cuba, na França, em Israel, e nas principais instituições universitárias brasileiras, do Acre ao Rio Grande do Sul. Criou e dirigiu as revistas de Ciências Sociais *Debate & Crítica* e *Contexto*. Fundou e dirigiu por quatro anos a Editora da Unicamp. Escreve regularmente no *Correio Braziliense* e, eventualmente, em outros jornais e revistas do país. Tem coordenado as atividades universitárias e educacionais da Bienal do Livro de São Paulo. Possui mais de duas dezenas de livros publicados. Fundou, em 1987, e é sócio-diretor e editor da Editora Contexto.

José de Souza Martins publicou diversas obras pela Contexto, como *Fronteira, O cativeiro da terra, A Sociologia como aventura, Uma Sociologia da vida cotidiana, Linchamentos* e *Do PT das lutas sociais ao PT do poder*. É professor titular aposentado de Sociologia da Universidade de São Paulo. Foi eleito *fellow* de Trinity Hall e professor da cátedra Simón Bolívar da Universidade de Cambridge (1993-1994).

Magda Soares publicou pela Contexto *Alfabetização: a questão dos métodos, Linguagem e escola* e *Alfabetização e letramento*. É livre-docente em Educação pela Universidade Federal de Minas Gerais (UFMG) e professora titular em Educação da mesma instituição.

Nelson Piletti publicou pela Contexto como autor ou coautor diversas obras: *Aprendizagem, Dom Helder Camara, Psicologia da aprendizagem, História da educação* e *Psicologia do desenvolvimento*. É livre-docente em Educação pela USP e professor de Educação da mesma instituição.

Antonio Corrêa de Lacerda publicou pela Contexto *Desnacionalização: mitos, riscos e desafios* (Prêmio Jabuti, 2001). É doutor pela Unicamp e coordenador da Pós-Graduação em Economia Política da PUC-SP.

Carlos Eduardo Lins da Silva publicou pela Contexto *Correspondente internacional* e, como coautor, *Dicionário de comunicação*. É livre-docente em Comunicação Social pela Universidade de São Paulo (USP) e membro titular do Grupo de Análise de Conjuntura Internacional da USP.

Arlete Salvador publicou pela Contexto *Como escrever bem para o Enem*, *Para escrever bem no trabalho* e *Cleópatra*. É coautora de *A arte de escrever bem* e *Escrever melhor*. É mestre em Relações Internacionais pela University of Birmingham (Inglaterra) e jornalista.

Ana Scott publicou pela Contexto *Os portugueses*. É coautora de *Nova história das mulheres no Brasil*. É doutora em História pelo Instituto Universitário Europeu (Itália) e atua no Nepo, Unicamp.

Carla Bassanezi Pinsky publicou pela Contexto como organizadora e autora diversas obras, como *Pássaros da liberdade, Mulheres dos anos dourados, Nova história das mulheres no Brasil, História da cidadania, Fontes históricas, Novos temas nas aulas de História, História na sala de aula* e *O historiador e suas fontes*. Historiadora, é doutora em Ciências Sociais pela Unicamp.

Joana Maria Pedro é coautora de *História das mulheres do Brasil, História da cidadania, Nova história das mulheres no Brasil* e *O Brasil no Contexto*, publicados pela Contexto. É professora titular de História Social da Universidade Federal de Santa Catarina (UFSC).

José Rivair Macedo publicou pela Contexto *História da África* e *A mulher na Idade Média*. É coautor de *História na sala de aula*, *História das guerras*, *História da paz*, *História na sala de aula* e *Faces do fanatismo*. É professor da Universidade Federal do Rio Grande do Sul (UFRGS).

Renato Sérgio de Lima é coautor de *Segurança pública e violência*, *Adolescência e drogas* e *Crime, política e justiça no Brasil*, publicados pela Contexto. É presidente do Fórum Brasileiro de Segurança Pública (FBSP) e professor da Fundação Getúlio Vargas.

Dermeval da Hora é organizador de *Fonologia, fonologias*, publicado pela Contexto. É doutor em Linguística pela Pontifícia Universidade Católica do Rio Grande do Sul (PUCRS) e professor da Universidade Federal da Paraíba (UFPB).

Thaïs Cristófaro Silva publicou pela Contexto *Pronúncia do inglês*, *Fonética e fonologia do português*, *Exercícios de fonética e fonologia* e *Dicionário de fonética e fonologia*. É professora titular da Universidade Federal de Minas Gerais (UFMG).

Milton Leite publicou pela Contexto *As melhores seleções brasileiras de todos os tempos* e *Os 11 maiores centroavantes do futebol brasileiro*. Graduado em Comunicação pela USP, trabalha como narrador esportivo na Rede Globo de Televisão.

Sergio Florencio publicou pela Contexto *Os mexicanos*. É mestre em Economia pela Ottawa University, embaixador do Itamaraty e pesquisador do Instituto de Pesquisas Econômicas Aplicadas (IPEA).

Milton Blay publicou pela Contexto *Direto de Paris*. É doutor em Política pela Université de Paris 3 e correspondente internacional do Grupo Bandeirantes.

Leandro Karnal publicou pela Contexto *Conversas com um jovem professor* e *Estados Unidos: a formação da nação*. É coautor de *História dos Estados Unidos, As religiões que o mundo esqueceu, História na sala de aula, História da cidadania* e *O historiador e suas fontes*. É doutor em História pela USP e professor de História na Unicamp.

Livro produzido em março de 2017, composto com as fontes
Helvetica Bold Condensed, corpo de 14 pontos, nos títulos de capítulo,
e corpo de 11 pontos, nos intertítulos; Swis 721 Cɴ BT, corpo de 9 pontos,
para o nome dos autores; Agaramond, corpo de 12 pontos,
para o texto principal. Impresso em papel Pólen Bold 90g.

IMPRESSO EM PAPEL
Pólen
mais prazer em ler